ACCESO GRATIS a la Lectura en la Nube

AF237852

Para visualizar el libro electrónico en la nube de lectura envíe junto a su nombre y apellidos una fotografía del código de barras situado en la contraportada del libro y otra del ticket de compra a la dirección:

ebooktirant@tirant.com

En un máximo de 72 horas laborales le enviaremos el código de acceso con sus instrucciones.

© TIRANT LO BLANCH
   EDITA: TIRANT LO BLANCH
   C/ Artes Gráficas, 14 - 46010 - VALENCIA
   TELFS.: 96/361 00 48 - 50
   Fax: 96/369 41 51
   Email: tlb@tirant.com
   www.tirant.com
   Librería Virtual: www.tirant.es
   DEPOSITO LEGAL: V-3861-2025
   ISBN: 979-13-7021-326-8
   MAQUETA E IMPRIME:Tink Factoría de Color , S.L.

Si tiene alguna queja o sugerencia, envíenos un mail a: atencioncliente@tirant.com.
En caso de no ser atendida su sugerencia, por favor, lea nuestro procedimiento de quejas en:
www.tirant.net/index.php/empresa/politicas-de-empresa

Responsabilidad Social Corporativa
http://www.tirant.net/Docs/RSCTirant.pdf

LA ADMINISTRACIÓN SOCIAL

Y

LOS SERVICIOS SOCIALES

2ª Edición

Susana Sánchez-Flores

Profesora Titular de Universidad

Departament de Treball Social i Serveis Socials

Universitat de València

INDICE

CAPITULO 1. SISTEMA DE SERVICIOS SOCIALES

1. MARCO NORMATIVO Y ESTRUCTURAS INSTITUCIONALES

En materia de Servicios Sociales se han promulgado en España leyes autonómicas de Servicios Sociales en cada una de las comunidades autónomas mientras que en el ámbito estatal no se ha promulgado una Ley marco de servicios sociales en el Estado español. La ley 3/2019, de 18 de febrero, de servicios sociales inclusivos de la Comunitat Valenciana es la que regula el sistema de servicios sociales en el territorio de la Comunidad Valenciana.

Para lograr una homogeneidad de los sistemas autonómicos de servicios sociales de las comunidades autónomas, el Plan Concertado de Prestaciones Básicas de Servicios Sociales de Corporaciones Locales desarrolla, desde 1988, la cooperación y la concertación de las administraciones (General del Estado, Autonómica y Local), con el objetivo de impulsar y consolidar la red básica de atención primaria del Sistema Público de Servicios Sociales. Desde la administración general del estado la idea ha sido establecer un punto de partida concretando las prestaciones básicas en servicios sociales con una triple intención, por un lado, evitar desequilibrios territoriales en España en materia de servicios sociales, por otra, conseguir una cooperación en materia de financiación y, finalmente, dotar los sistemas autonómicos de un instrumento homogeneizado de registro y tratamiento de la información de las personas usuarias del sistema.

Posteriormente, en 2013 el Consejo Territorial de Servicios Sociales y del Sistema para la Autonomía y Atención de los Dependientes de la administración general del estado, aprueba el Catálogo de Referencia de Servicios Sociales. Al ser los servicios sociales una materia de competencia exclusiva de las comunidades autónomas, los servicios y prestaciones económicas del mencionado Catálogo no generan derechos subjetivos, ya que únicamente constituyen un elenco referencial sin ser directamente aplicable, al no tratarse de una norma con rango de ley.

En cuanto a los organismos institucionales del ámbito de la Administración General del Estado es el Ministerio de Derechos Sociales, Consumo y Agenda 2030 a quien le corresponde la propuesta y ejecución de la política de Gobierno en materia de infancia, adolescencia, juventud, mayores, diversidad familiar y servicios sociales. Corresponde al Ministerio de Igualdad la propuesta y ejecución de la política de Gobierno en materia de igualdad y de las políticas dirigidas a hacer real y efectiva la igualdad entre mujeres y hombres, la prevención y erradicación de las varias formas de violencia contra la mujer y la eliminación de toda forma de discriminación por razón de sexo, origen racial o étnico, religión o ideología, orientación sexual, identidad de género, edad, diversidad funcional o cualquier otra condición o circunstancia personal o social.

El organismo institucional de referencia en el ámbito autonómico de la Administración Autonómica valenciana es la Vicepresidencia Segunda y Consellería de Servicios Sociales, Igualdad y Vivienda. Adscrito a ésta se encuentra el Instituto Valenciano de Servicios Sociales (IVASS) como entidad pública, que tiene la finalidad de desarrollar la política de la Generalitat en el ámbito del bienestar social, personas mayores, la dependencia, la atención a las personas con diversidad funcional, la protección, salvaguardia y cargos tutelares atribuidos a la Generalitat, infancia y adolescencia, así como de la prestación, asistencia y ejecución de actuaciones en materia de servicios sociales y atención social-sanitaria.

2. ORGANIZACIÓN DEL SISTEMA DE SERVICIOS SOCIALES

El Sistema Público Valenciano de Servicios Sociales (SPVSS), articulado a partir de la asunción de competencias en la materia por parte de la Comunitat Valenciana, tiene como objeto garantizar el ejercicio de aquellos derechos sociales que le son propios, favoreciendo la inclusión social, la autonomía y el desarrollo personal, la convivencia, la igualdad de oportunidades y la participación social, desarrollando una función promotora, preventiva, protectora, de acompañamiento, de apoyo y de rehabilitación frente a las necesidades sociales originadas por situaciones de vulnerabilidad, desprotección, desamparo, dependencia o urgencia social.

El SPVSS está conformado por una red articulada de servicios de responsabilidad pública que constituye una estructura funcional, territorial y competencialmente integrada, compuesta por:

1) Todos aquellos servicios sociales de titularidad pública prestados directamente por las administraciones públicas y el sector público instrumental

2) Y por todos aquellos centros y programas (de titularidad privada) sostenidos con fondos públicos, a través de las formas de provisión reguladas por ley.

Los Servicios Sociales valencianos se definen como el conjunto de prestaciones, centros, servicios y programas, de titularidad pública o privada, que se prestan en la Comunidad Valenciana destinados a la prevención, la promoción de la autonomía personal y la atención a las necesidades personales, familiares y sociales, así como la garantía de la igualdad y la inclusión social.

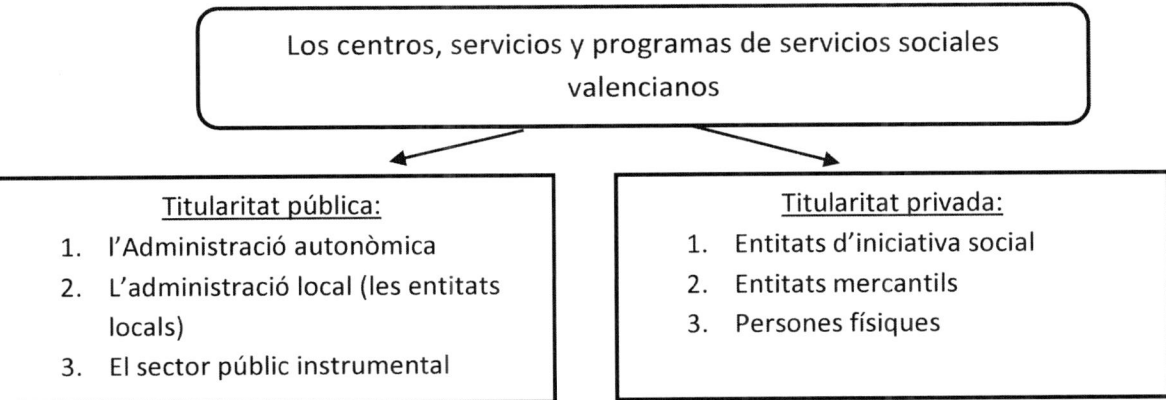

Los centros, servicios y programas de servicios sociales de titularidad pública pueden ser prestados directamente, por las administraciones públicas o el sector público instrumental que actúan en el ámbito de la Comunidad Valenciana o indirectamente por centros, servicios y programas de servicios sociales de las entidades de titularidad privada, tanto de iniciativa social como mercantil, así como por personas físicas que actúan en el ámbito de la Comunidad Valenciana.

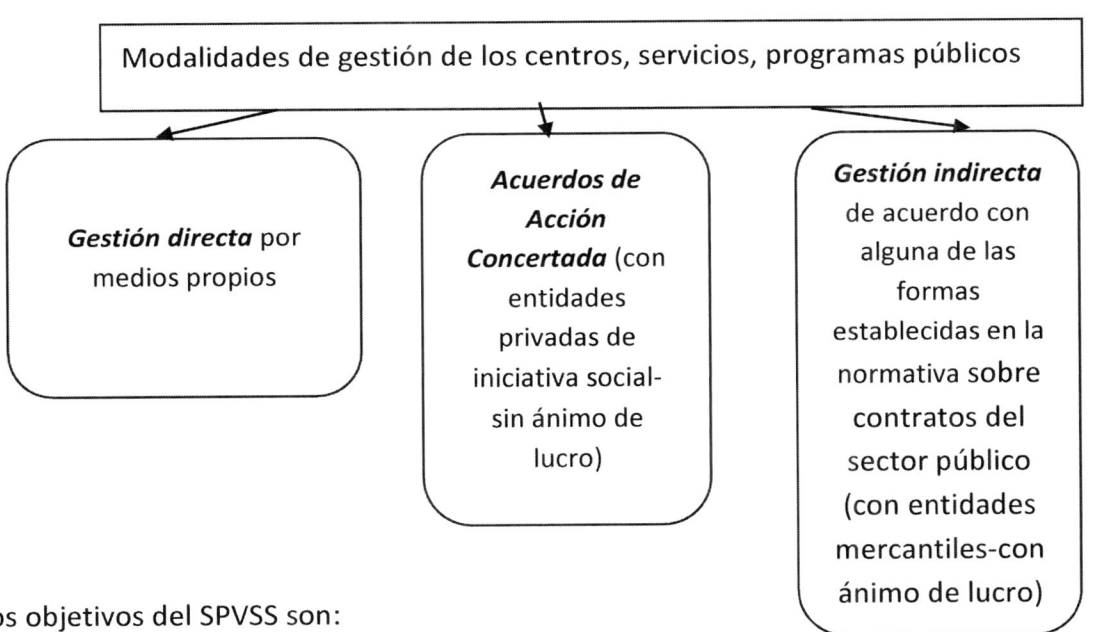

Los objetivos del SPVSS son:

a) Garantizar una atención integral, de carácter individual, familiar, grupal o comunitaria, a las personas que accedan al Sistema Público Valenciano de Servicios Sociales, que dé cobertura a sus necesidades sociales.

b) Prevenir y detectar situaciones de riesgo y analizar situaciones de vulnerabilidad social de la ciudadanía.

c) Mejorar las condiciones de calidad de vida de la población, por medio de la elaboración de las estrategias y las actuaciones pertinentes.

d) Concienciar y sensibilizar a la ciudadanía sobre las situaciones de vulnerabilidad social, con el fin de combatir cualquier tipo de discriminación, fomentando valores como la solidaridad y la igualdad.

e) Proteger y atender, de forma personalizada y continuada, a las personas, familias o unidades de convivencia que se encuentren en situaciones de vulnerabilidad, dependencia o conflicto.

f) Garantizar la provisión de prestaciones en materia de servicios sociales en condiciones de calidad, eficiencia y equidad territorial.

g) Fomentar la investigación, la gestión de conocimiento, su transferencia aplicada y la innovación social en el ámbito de los servicios sociales.

2.1. Competencias de los distintos niveles de la Administración Pública

2.1.1. Competencias de la Generalitat Valenciana

Corresponden a la Generalitat las siguientes competencias en materia de servicios sociales:

a) La elaboración, desarrollo y aprobación del Plan estratégico de servicios sociales de la Comunitat Valenciana, así como de sus instrumentos de ejecución, con la participación de las entidades locales.

b) La elaboración, desarrollo y aprobación de la Cartera de prestaciones del Sistema Público Valenciano de Servicios Sociales y del Mapa de servicios sociales de la Comunitat Valenciana.

c) La elaboración y la aprobación del Plan de infraestructuras de servicios sociales.

d) La determinación del sistema de bonificaciones o exenciones de las tasas de los servicios públicos prestados, en los términos establecidos en la normativa aplicable.

e) El aseguramiento de la suficiencia financiera, técnica y de recursos humanos de las prestaciones garantizadas que sean objeto de su competencia, dentro del Sistema Público Valenciano de Servicios Sociales.

f) La coordinación de las actuaciones, prestaciones y servicios del Sistema Público Valenciano de Servicios Sociales, así como la elaboración y el desarrollo de protocolos de coordinación entre las administraciones públicas valencianas, entre las consellerías que, directa o indirectamente, tengan competencias en materia de derechos sociales, y con otros sistemas de protección social que puedan confluir en áreas concretas de la intervención social.

g) El diseño de criterios generales de organización y funcionamiento de los servicios y modelos de intervención de la atención primaria.

h) Los servicios de atención diurna y nocturna, de atención ambulatoria de alojamiento alternativo, de violencia de género y machista de la atención primaria de carácter específico, sin perjuicio de la delegación que, en su caso, pueda efectuarse en las entidades locales.

i) La provisión y la gestión de los servicios sociales de atención secundaria no podrán ser delegadas en las entidades locales.

j) La elaboración y la suscripción de acuerdos de acción concertada con entidades privadas de iniciativa social bajo el principio de responsabilidad pública con carácter subsidiario.

k) Las funciones de registro, autorización, acreditación y supervisión, así como las de inspección, control de la calidad, potestad sancionadora y cuantas otras le sean atribuidas por la normativa vigente.

l) El estudio, investigación, divulgación y evaluación de las situaciones de necesidades sociales que se planteen en el ámbito de los servicios sociales, con objeto de conocer sus causas y articular los medios oportunos para su prevención, rehabilitación, atención e intervención, así como la identificación de las localizaciones territoriales con mayor vulnerabilidad.

m) El diseño de instrumentos de recogida de información y su tratamiento estadístico, con desagregación de datos por género, así como por diversidad funcional o discapacidad, entre otras variables, a los efectos de evaluación y planificación en materia de servicios sociales, así como el desarrollo reglamentario de los instrumentos técnicos comunes de intervención social.

n) La supervisión y la evaluación de la calidad en la provisión de los servicios sociales y establecer los mecanismos necesarios para su seguimiento continuo.

o) La coordinación y supervisión de las competencias ejercidas por los organismos y entidades del sector público instrumental que tenga adscritos.

p) Cualesquiera otras competencias que les sean atribuidas por una disposición legal y por la normativa vigente.

2.1.2. Competencias de las Administraciones Locales

Los municipios de la Comunitat Valenciana, por sí solos o agrupados, de conformidad con la normativa de régimen local, así como de aquella normativa de ámbito estatal y autonómico que sea aplicable, tendrán las competencias propias siguientes:

a) Detección y estudio de las situaciones de necesidad social en su ámbito territorial, fomentando la colaboración con todos sus agentes sociales.

b) La provisión y la gestión de los servicios sociales de atención primaria de carácter básico.

c) La dotación de espacios, equipamientos y el personal suficiente y adecuado para la provisión de las prestaciones de la atención primaria.

d) Los servicios de infancia y adolescencia, diversidad funcional o discapacidad y trastorno mental crónico de la atención primaria de carácter específico.

e) La colaboración en las funciones de inspección y control de la calidad de acuerdo con la legislación autonómica.

f) La supervisión de casos, la formación, la asistencia técnica y la orientación de las personas profesionales del Sistema Público Valenciano de Servicios Sociales de su ámbito competencial.

g) La garantía de la suficiencia financiera, técnica y de recursos humanos de las prestaciones garantizadas que sean objeto de su competencia dentro del Sistema Público Valenciano de Servicios Sociales, con la colaboración de la Generalitat o la diputación provincial correspondiente.

h) Cualquier otra competencia que les sea atribuida por una disposición legal y por la normativa vigente.

A las Diputaciones Provinciales se les encomienda, por una parte, la prestación de la asistencia técnica y económica y la supervisión que garantice a los ayuntamientos, especialmente a los de menor población, capacidad económica y/o de gestión, el ejercicio de sus competencias en materia de servicios sociales; por otra, la cooperación en el fomento del desarrollo económico y social y en la planificación en el territorio provincial, de acuerdo con las competencias del resto de las Administraciones públicas en este ámbito.

2.2. Estructura funcional de los Servicios Sociales

La Ley de Servicios sociales inclusivos de la Comunitat Valenciana establece que la estructura funcional del Sistema Público Valenciano de Servicios Sociales se compone de dos niveles de atención, mutuamente complementarios y de carácter continuo, integrado y sinérgico:

a) Atención primaria: atención integral a lo largo de la vida para reforzarrehabilitar la autonomía personal y social.

b) Atención secundaria: atención para facilitar los apoyos a necesidades que requieren atención especializada integral y sostenida en el tiempo.

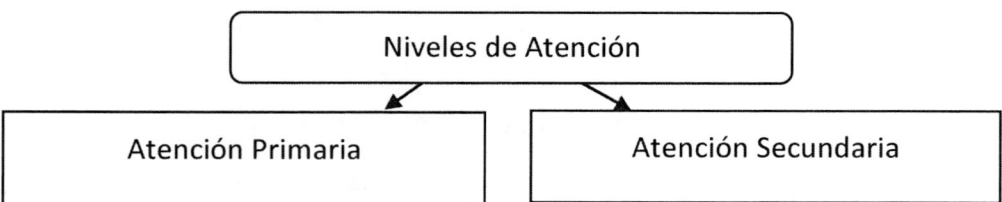

2.2.1. Servicios Sociales de Atención Primaria

Las características de los servicios sociales de atención primaria se concretan en las siguientes:

a) Es el primer referente en información, asesoramiento, prevención, diagnóstico e intervención.

b) Tiene carácter universal.

c) Desarrolla funciones y dispone de prestaciones y servicios estructurados según su carácter básico o específico.

d) Tiene un enfoque comunitario.

e) Está orientada a la prevención e intervención con personas, familias o unidades de convivencia, grupos y comunidades.

Dos niveles de actuación se distinguen en la Atención Primaria: el básico y el específico.

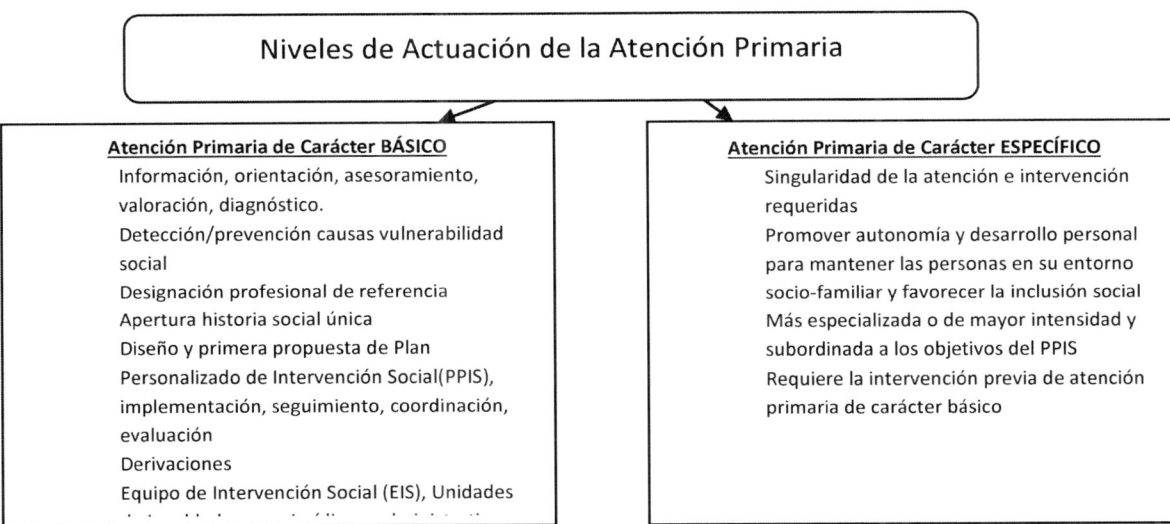

Servicios Sociales de la atención primaria de carácter básico:

La atención primaria de carácter básico se organiza en los siguientes servicios:

a) **Servicio de acogida y atención ante situaciones de necesidad social.** Se encargará de la recepción, atención y diagnóstico en las situaciones de necesidades personales y familiares, proporcionando la adecuada información, orientación y asesoramiento sobre las diferentes prestaciones del Sistema Público Valenciano de Servicios Sociales.

b) **Servicio de promoción de la autonomía.** Desarrollará la prevención, diagnóstico e intervención en situaciones de diversidad funcional o discapacidad, dependencia o vulnerabilidad, fomentando las relaciones convivenciales durante todo el ciclo vital de las personas.

c) **Servicio de inclusión social.** Asumirá la prevención, el diagnóstico, la intervención y el seguimiento para la cobertura de las necesidades básicas de las personas, familias o, en su caso, unidades de convivencia, y fomentará su participación en el proceso de inclusión social, con carácter periódico.

d) **Servicio de prevención e intervención con las familias.** Se encargará de la prevención y evaluación de las situaciones de riesgo, así como del diagnóstico social y la intervención de carácter individual o familiar con la infancia y la adolescencia, las personas mayores y otras personas necesitadas de especial protección familiar.

e**) Servicio de acción comunitaria.** Desarrollará la prevención, intervención y promoción de la convivencia en la comunidad de referencia, a través de dispositivos de intervención comunitaria efectivos, basados en el fomento de los recursos comunitarios presentes en el territorio, en especial en los centros de servicios sociales, hacia la consecución de objetivos comunes que permitan favorecer y mejorar las condiciones sociales desde un enfoque global e integrador. Desarrollarán actuaciones referentes a la promoción del voluntariado social, así como a la sensibilización ante el acoso y ciberacoso sexual, la prevención de los delitos de odio, la sensibilización hacia el respecto de la diversidad, la potenciación de formas colaborativas entre la ciudadanía y la promoción de la igualdad de trato, entre otras. Dicho servicio se potenciará especialmente en los espacios urbanos calificados de vulnerables.

f) **Servicio de asesoría técnica específica.** Desarrollará prestaciones de asistencia técnica y jurídica para la adecuada protección y ejercicio de los derechos sociales de las personas.

g) **Unidades de igualdad.** Garantizarán la incorporación de la perspectiva de género, promoviendo la participación, impulsando planes de igualdad y realizando actuaciones de prevención de la violencia de género y machista, entre otras, con el objetivo de hacer efectivo el principio de igualdad de mujeres y hombres de forma transversal en el conjunto de políticas públicas de ámbito local.

Los servicios sociales de atención primaria de carácter básico son de competencia local propia, se prestan en modalidad de gestión directa y se proveen por los Equipos de Intervención Social (EIS), de las unidades de igualdad, de apoyo jurídico y del administrativo.

Servicios Sociales de la atención primaria de <u>carácter específico</u>:

La atención primaria de <u>carácter específico</u> se organiza en los siguientes servicios:

a) **Servicio de infancia y adolescencia.** Desarrollará actuaciones de atención integral y apoyo a la infancia y la adolescencia en situación de vulnerabilidad o desprotección, así como en los casos de adolescentes en conflicto con la ley.

b) **Servicio de violencia de género y machista.** Desarrollará actuaciones de protección y atención integral a las víctimas de violencia de género y machista y a sus hijos e hijas a través de centros y programas.

c) **Servicio de atención a las personas con diversidad funcional o discapacidad y específico de personas con problemas crónicos de salud mental.** Desarrollará programas y actuaciones propias de la intervención social, en coordinación con el sistema sanitario mediante programas de prevención, promoción de la autonomía, rehabilitación e inclusión social.

d) Servicio de atención diurna y nocturna. Desarrollará programas y actuaciones dirigidas a las personas para contribuir a su autonomía personal e inclusión social en las diferentes etapas del ciclo vital, a partir de prestaciones de apoyo en función de las necesidades de atención.

e) **Servicio de atención ambulatoria.** Desarrollará actuaciones de prevención, rehabilitación, asesoramiento y apoyo personal con carácter periódico con el objetivo de contribuir a la autonomía personal de las personas.

f) **Servicio de alojamiento alternativo.** Desarrollará una atención integral de carácter temporal, así como actuaciones de acompañamiento y apoyo personal para la cobertura de las necesidades básicas de alojamiento.

Catálogo de prestaciones del Sistema Público Valenciano de Servicios Sociales

-Prestaciones profesionales garantizadas:

    a) Información, orientación y asesoramiento.

    b) Análisis y valoración de las situaciones de necesidad.

    c) Orientación individual, familiar o de la unidad de convivencia.

    d) Intervención familiar o de la unidad de convivencia.

    e) Prevención.

    f) Mediación familiar y comunitaria.

    g) Apoyo a la mediación judicial.

    h) Atención domiciliaria: Ayuda a domicilio y Teleasistencia.

    i) Atención psicosocial y socioeducativa.

    j) Intervención y participación comunitaria.

    k) Promoción de la animación comunitaria y de la participación.

    l) Atención a las necesidades básicas.

    m) Atención de las situaciones de urgencias sociales.

    n) Promoción de la accesibilidad universal en el sistema.

    o) Reconocimiento de discapacidad/diversidad funcional.

    p) Apoyo a la inclusión social.

    q) Protección jurídica y social.

    r) Acogida de la infancia y la adolescencia.

    s) Adopción.

    t) Alojamiento alternativo.

u) Atención diurna o ambulatoria.

v) Atención temprana.

w) Viviendas colaborativas.

x) Atención nocturna.

y) Atención residencial.

z) Apoyo a personas cuidadoras.

Prestaciones económicas:

-Prestaciones económicas garantizadas:

a) Garantía de ingresos básicos.

b) Prestaciones económicas destinadas a cubrir las necesidades básicas

c) Prestación económica por acogida familiar.

d) Prestación económica vinculada al servicio.

e) Prestación económica para cuidados en el entorno familiar.

f) Prestación económica de asistencia personal.

g) Prestación económica para la adquisición y el mantenimiento de apoyos a la accesibilidad universal.

h) Prestación económica para las víctimas de violencia de género y machista.

-Prestaciones tecnológicas.

2.2.2. Servicios sociales de Atención Secundaria

Los servicios sociales secundarios, contemplados en la Ley Valenciana de Servicios Sociales, son aquellos servicios de atención residencial que se proveen a las personas adultas o a la infancia y la adolescencia, una atención integral sostenida en el tiempo que, además de cubrir las necesidades de alojamiento y manutención, proporcione los apoyos extensos o generalizados que requiera la promoción de la autonomía personal o el desarrollo de la persona, desde el enfoque preventivo y rehabilitador y teniendo en cuenta la interdisciplinariedad de las intervenciones y el trabajo en red con otros sistemas de protección social.

2.3. Estructura territorial de los servicios sociales

El Sistema Público Valenciano de Servicios Sociales se organiza territorialmente en las siguientes demarcaciones:

a) Zonas básicas de servicios sociales.

b) Áreas de servicios sociales.

c) Departamentos de servicios sociales.

Cuadro nº1. Demarcaciones territoriales del sistema público valenciano de servicios sociales.

DEMARCACIONES TERRITORIALES		
Atención primaria (A.P.)		**Atención Secundaria** **DEPARTAMENTOS**
(A.P. Básica) **ZONAS BÁSICAS**	**(A.P. Específica)** **ÁREAS**	
Mayor proximidad Mayor accesibilidad a la ciudadanía	Formada por una o varias zonas básicas	Formadas por una o varias áreas de servicios sociales
Municipios >5.000 habitantes Agrupaciones de municipios hasta alcanzar el mínimo de 5.000 habitantes	Las zonas básicas >20.000 habitantes Agrupaciones de una o varias zonas básicas forman un área (aunque una de estas zonas posea más de 20.000 habitantes)	
Equipo de zona básica de servicios sociales	Equipo de área de servicios sociales (con perfiles que puedan responder a las situaciones de necesidad social del área)	
Las mancomunidades de servicios sociales existentes son la referencia preferente para la determinación territorial de los servicios que correspondan tanto a las zonas básicas como a las áreas.		

Elaboración propia. Fuente: Generalitat Valenciana (2019): Ley 3/2019, de 18 de febrero, de servicios sociales inclusivos de la Comunitat Valenciana. DOCV núm. 8491, de 21.02.2019.

21

Nombre y apellidos:

Realiza los siguientes ejercicios:

1. Según la Ley de Servicios Sociales Inclusivos de la Comunitat Valenciana, es competencia de la Generalitat Valenciana:

a) Detección y estudio de las situaciones de necesidad social en su ámbito territorial, fomentando la colaboración con todos sus agentes sociales.

b) La provisión y la gestión de los servicios sociales de atención primaria de carácter básico.

c) La supervisión de casos, la formación, la asistencia técnica y la orientación de las personas profesionales del Sistema Público Valenciano de Servicios Sociales de su ámbito competencial.

d) La supervisión y la evaluación de la calidad en la provisión de los servicios sociales y establecer los mecanismos necesarios para su seguimiento continuo.

2. Los servicios sociales de atención primaria de carácter básico son de competencia:

a) Administración pública, entidades de iniciativa social y mercantiles

b) Administración autonómica y local

c) Administración local

d) Administración pública y entidades privadas

Nombre y apellidos:

Actividades

Nombre y apellidos:

Actividades

Nombre y apellidos:

Actividades

Nombre y apellidos:

Actividades

Nombre y apellidos:
Actividades

CAPITULO 2. SISTEMA PARA LA AUTONOMÍA Y ATENCIÓN A LA DEPENDENCIA

1. MARCO NORMATIVO Y ESTRUCTURAS INSTITUCIONALES

El Sistema para la Autonomía y Atención a la Dependencia en España se establece a partir de la Ley 39/2006, de 14 de diciembre, de Promoción de la Autonomía Personal y Atención a las personas en situación de Dependencia.

El Ministerio de Ministerio de Derechos Sociales, Consumo y Agenda 2030 representa la estructura institucional de la Administración General del Estado en materia de atención a las situaciones de dependencia y promoción de la autonomía personal. El IMSERSO (Instituto de Mayores y Servicios Sociales) es un organismo adscrito a este Ministerio y constituye una de las entidades gestoras de la Seguridad Social, al cual le corresponde el seguimiento y gestión de prestaciones sociales y económicas, la inclusión de la diversidad funcional, el Sistema para la Autonomía y Atención a la Dependencia, la gestión de centros y la colaboración con entidades y organizaciones de personas mayores.

La Vicepresidencia Segunda y Consellería de Servicios Sociales, Igualdad y Vivienda es el organismo institucional de referencia en materia de atención a las situaciones de dependencia y promoción de la autonomía personal, en el ámbito autonómico de la Administración Autonómica valenciana. Adscrito a esta conselleria se encuentra el Instituto Valenciano de Servicios Sociales (IVASS) encargado de desarrollar la política de la Generalitat Valenciana en materia de servicios sociales y acción social. Los ámbitos de actuación del IVASS se detallan en el siguiente cuadro:

Cuadro nº2: Ámbitos de actuación del IVASS

	ÁMBITOS DE ACTUACIÓN
IVASS	El bienestar social
	La dependencia
	La protección de las personas con diversidad funcional y/o en situación de dependencia
	Proporcionar a las personas, con diferentes necesidades, la atención social y los apoyos necesarios, para su desarrollo integral en la sociedad

Elaboración propia. Fuente: Generalitat Valenciana (2024): Información institucional. Instituto Valenciano de Servicios Sociales. Vicepresidencia Segunda y Consellería de Servicios Sociales, Igualdad y Vivienda.

2. ORGANIZACIÓN DEL SISTEMA

2.1. El Sistema para la Autonomía y Atención a la Dependencia (SAAD)

El Sistema para la Autonomía y Atención a la Dependencia (SAAD) es el conjunto de servicios y prestaciones económicas destinados a la promoción de la autonomía personal, la atención y protección a las personas en situación de dependencia, a través de servicios públicos y privados concertados que contribuye a la mejora de las condiciones de vida de la ciudadanía. El Sistema para la Autonomía y Atención a la Dependencia garantiza las condiciones básicas y el contenido común referido en la Ley reguladora, sirviendo de cauce para la colaboración y participación de las Administraciones Públicas, en el ejercicio de sus respectivas competencias, en materia de promoción de la autonomía personal y la atención y protección a las personas en situación de dependencia, optimiza los recursos públicos y privados disponibles, y contribuye a la mejora de las condiciones de vida de la ciudadanía.

Las prestaciones y servicios establecidos la Ley se integran en la Red de Servicios Sociales de las respectivas Comunidades Autónomas en el ámbito de las competencias que las mismas tienen asumidas. Esta Red de centros está formada por:

Cuadro nº 3: Red de servicios del Sistema para la Autonomía y Atención a la Dependencia

Centros públicos de las Comunidades Autónomas
Centros públicos de las Entidades Locales
Centros de Referencia Estatal para la promoción de la autonomía personal y para la atención y cuidado de situaciones de dependencia
Centros privados concertados (debidamente acreditados)

Elaboración propia: Fuente: Ley 39/2006, de 14 de diciembre, de Promoción de la Autonomía Personal y Atención a las personas en situación de dependencia. BOE núm. 299, de 15.12.2006.

Los centros y servicios privados no concertados que presten servicios para personas en situación de dependencia deben contar con la debida acreditación de la Comunidad Autónoma correspondiente.

2.2. Definiciones conceptuales

La Ley de Promoción de la Autonomía Personal y Atención a las personas en situación de Dependencia contempla las siguientes definiciones:

Autonomía: la capacidad de controlar, afrontar y tomar, por propia iniciativa, decisiones personales acerca de cómo vivir de acuerdo con las normas y preferencias propias, así como de desarrollar las actividades básicas de la vida diaria.

Dependencia: el estado de carácter permanente en que se encuentran las personas que, por razones derivadas de la edad, la enfermedad o limitaciones de la actividad (diversidad funcional), y ligadas a la falta o a la pérdida de autonomía física, mental, intelectual o sensorial, precisan de la atención de otra u otras personas o ayudas importantes para realizar actividades básicas de la vida diaria o, en el caso de las personas con limitaciones de la actividad (diversidad funcional) intelectual o enfermedad mental, de otros apoyos para su autonomía personal.

Actividades Básicas de la Vida Diaria (ABVD): las tareas más elementales de la persona, que le permiten desenvolverse con un mínimo de autonomía e independencia, tales como: el cuidado personal, las actividades domésticas básicas, la movilidad esencial, reconocer personas y objetos, orientarse, entender y ejecutar órdenes o tareas sencillas.

Necesidades de apoyo para la autonomía personal: las que requieren las personas que tienen limitaciones de la actividad (diversidad funcional), intelectual o mental para hacer efectivo un grado satisfactorio de autonomía personal en el seno de la comunidad.

Cuidados no profesionales: la atención prestada a personas en situación de dependencia en su domicilio, por personas de la familia o de su entorno, no vinculadas a un servicio de atención profesionalizada.

Cuidados profesionales: los prestados por una institución pública o entidad, con y sin ánimo de lucro, o profesional autónomo entre cuyas finalidades se encuentre la prestación de servicios a personas en situación de dependencia, ya sean en su hogar o en un centro.

Asistencia personal: servicio prestado por un asistente personal que realiza o colabora en tareas de la vida cotidiana de una persona en situación de dependencia, de cara a fomentar su vida independiente, promoviendo y potenciando su autonomía personal.

Tercer sector: organizaciones de carácter privado surgidas de la iniciativa ciudadana o social, bajo diferentes modalidades que responden a criterios de solidaridad, con fines de interés general y ausencia de ánimo de lucro, que impulsan el reconocimiento y el ejercicio de los derechos sociales.

La situación de dependencia se clasifica en los siguientes grados:

a) Grado I. Dependencia moderada: cuando la persona necesita ayuda para realizar varias actividades básicas de la vida diaria, al menos una vez al día o tiene necesidades de apoyo intermitente o limitado para su autonomía personal.

b) Grado II. Dependencia severa: cuando la persona necesita ayuda para realizar varias actividades básicas de la vida diaria dos o tres veces al día, pero no requiere el apoyo permanente de un cuidador o tiene necesidades de apoyo extenso para su autonomía personal.

c) Grado III. Gran Dependencia: cuando la persona necesita ayuda para realizar varias actividades básicas de la vida diaria varias veces al día y, por su pérdida total de autonomía física, mental, intelectual o sensorial, necesita el apoyo indispensable y continuo de otra persona o tiene necesidades de apoyo generalizado para su autonomía personal.

2.3. Titularidad de los derechos

Las personas titulares de los derechos establecidos en la Ley 39/2006 son aquellas que cumplen los siguientes requisitos:

a) Encontrarse en situación de dependencia en alguno de los grados establecidos.

b) Para los menores de 3 años el SAAD atiende las necesidades de ayuda a domicilio y, en su caso, prestaciones económicas vinculadas y para cuidados en el entorno familiar. El instrumento de valoración de la situación de dependencia incorpora a estos efectos una Escala de Valoración Específica.

c) Residir en territorio español y haberlo hecho durante cinco años, de los cuales dos deberán ser inmediatamente anteriores a la fecha de presentación de la solicitud. Para los menores de cinco años el período de residencia se exigirá a quien ejerza su guarda y custodia.

2.4. Niveles de protección del Sistema

La protección de la situación de dependencia por parte del Sistema se presta de acuerdo con los siguientes niveles:

1º) El nivel de protección mínimo establecido por la Administración General del Estado.

2º) El nivel adicional de protección que pueda establecer cada Comunidad Autónoma.

2.5. Participación de las Comunidades Autónomas en el Sistema SAAD

En el marco del Sistema para la Autonomía y Atención a la Dependencia, corresponden a las Comunidades Autónomas, las siguientes funciones:

a) Planificar, ordenar, coordinar y dirigir, en el ámbito de su territorio, los servicios de promoción de la autonomía personal y de atención a las personas en situación de dependencia.

b) Gestionar, en su ámbito territorial, los servicios y recursos necesarios para la valoración y atención de la dependencia.

c) Establecer los procedimientos de coordinación socio-sanitaria, creando, en su caso, los órganos de coordinación que procedan para garantizar una efectiva atención.

d) Crear y actualizar el Registro de Centros y Servicios, facilitando la debida acreditación que garantice el cumplimiento de los requisitos y los estándares de calidad.

e) Asegurar la elaboración de los correspondientes Programas Individuales de Atención.

f) Inspeccionar y, en su caso, sancionar los incumplimientos sobre requisitos y estándares de calidad de los centros y servicios y respecto de los derechos de los beneficiarios.

g) Evaluar periódicamente el funcionamiento del Sistema en su territorio respectivo.

h) Aportar a la Administración General del Estado la información necesaria para la aplicación de los criterios de financiación.

2.6. Participación de las Entidades Locales

Las Entidades Locales participan en la gestión de los servicios de atención a las personas en situación de dependencia, de acuerdo con la normativa de sus respectivas Comunidades Autónomas y dentro de las competencias que la legislación vigente les atribuye. También pueden participar en el Consejo Territorial del Sistema para la Autonomía y Atención a la Dependencia en la forma y condiciones que el propio Consejo dispone.

En el ámbito de la Comunitat Valenciana corresponde a los Servicios Municipales de Atención a la Dependencia en el procedimiento para el reconocimiento de la situación de dependencia, fundamentalmente, la tramitación de la solicitud, la realización del informe de entorno y la valoración de la situación. Asimismo, otras de sus funciones son, el informe para la revisión del Programa Individual de Atención (PIA), el seguimiento de PIA, así como su efectiva ejecución, especialmente cuando se trata de servicios o prestaciones domiciliarias.

2.7. Valoración de la situación de la dependencia y Programa Individual de Atención

Las comunidades autónomas determinan los órganos de valoración de la situación de dependencia en cada una de ellas. Estos órganos, de carácter público, emiten un dictamen sobre el grado de dependencia con especificación de los cuidados que la persona pueda requerir.

La valoración de los grados de dependencia se determina mediante la aplicación del baremo acordado por el Consejo Territorial de Servicios Sociales y del Sistema para la Autonomía y Atención a la Dependencia que examina la capacidad de la persona para llevar a cabo por sí misma las actividades básicas de la vida diaria, así como la necesidad de apoyo y supervisión para su realización por personas con limitación de la actividad (diversidad funcional) intelectual o con enfermedad mental. La valoración se realiza teniendo en cuenta los correspondientes informes sobre la salud de la persona y sobre el entorno en el que vive, y considerando, en su caso, las ayudas técnicas, órtesis y prótesis que le hayan sido prescritas.

El Sistema contempla que el procedimiento para reconocer el derecho a las prestaciones y la regulación de las condiciones de acceso al programa de atención a las personas y sus familias, lo establecen las propias comunidades autónomas. En el marco del procedimiento de reconocimiento de la situación de dependencia y las prestaciones pertinentes, los servicios sociales correspondientes del sistema público establecen un Programa Individual de Atención en el que se determinan las modalidades de intervención más adecuadas a sus necesidades de entre los servicios y prestaciones económicas previstos en la resolución para su grado, con la participación, previa consulta y, en su caso, elección entre las alternativas propuestas por la persona y, en su caso, de su familia o entidades tutelares que le representen.

2.8. Objetivos de las prestaciones de dependencia

La atención a las personas en situación de dependencia y la promoción de su autonomía personal deben orientarse a la consecución de una mejor calidad de vida y autonomía personal, en un marco de efectiva igualdad de oportunidades, de acuerdo con los siguientes objetivos:

a) Facilitar una existencia autónoma en su medio habitual, todo el tiempo que desee y sea posible.

b) Proporcionar un trato digno en todos los ámbitos de su vida personal, familiar y social, facilitando su incorporación activa en la vida de la comunidad.

2.9. Prestaciones de atención a la dependencia

Las prestaciones de atención a la dependencia pueden tener la naturaleza de servicios y de prestaciones económicas, e ir destinadas, por una parte, a la promoción de la autonomía personal y, por otra, a atender las necesidades de las personas con dificultades para la realización de las actividades básicas de la vida diaria (ABVD).

Los servicios se prestan a través de la oferta pública de la Red de Servicios Sociales por las respectivas Comunidades Autónomas mediante centros y servicios públicos o privados concertados (debidamente acreditados).

De no ser posible la atención mediante alguno de estos servicios (los de la Red), se incorporará la **prestación económica vinculada a servicio**. Esta prestación irá destinada a la cobertura de los gastos del servicio previsto en el Programa Individual de Atención, debiendo ser prestado por una entidad o centro acreditado para la atención a la dependencia.

Por otra parte, la persona beneficiaria puede, recibir una prestación económica para ser atendida por personas cuidadoras no profesionales, siempre que se den condiciones adecuadas de convivencia y de habitabilidad de la vivienda y así lo establezca su Programa Individual de Atención (PIA).

2.9.1 Servicios del SAAD: Catálogo de servicios

El Catálogo de servicios comprende los servicios sociales de promoción de la autonomía personal y de atención a la dependencia, como se especifican a continuación:

a) **Servicios de prevención** de las situaciones de dependencia y los de **promoción** de la autonomía personal.

b) **Servicio de Tele-asistencia.**

c) **Servicio de Ayuda a domicilio:**

   (i) Atención de las necesidades del hogar.

   (ii) Cuidados personales.

d) **Servicio de Centro de Día y de Noche:**

   (i) Centro de Día para mayores.

   (ii) Centro de Día para menores de 65 años.

   (iii) Centro de Día de atención especializada.

   (iv) Centro de Noche.

e) **Servicio de Atención Residencial:**

   (i) Residencia de personas mayores en situación de dependencia.

   (ii) Centro de atención a personas en situación de dependencia, en razón de los distintos tipos de limitación de la actividad (diversidad funcional).

2.9.2. Prestaciones del SAAD: Prestaciones económicas

a) **Prestación económica vinculada al servicio.**

b) **Prestación económica para cuidados en el entorno familiar y apoyo a cuidadores no profesionales.**

c) **Prestación económica de asistencia personal.**

d) **Prestación vinculada de garantía** (modalidad en la Comunidad Valenciana).

2.9.3. Reformas del SAAD

Está en proceso una reforma del SAAD que incluye básicamente los siguientes puntos:

- Consolidar la accesibilidad universal como derecho para las personas en situación de discapacidad, garantizando que se pueda trabajar recibiendo una prestación de dependencia.

- Supresión del régimen de incompatibilidades en las prestaciones de dependencia y el plazo suspensivo de dos años de las prestaciones económicas para curas en el entorno familiar.

- Ampliación del servicio de ayuda a domicilio, regular la asistencia personal profesional, reconocer la teleasistencia como derecho y ofrecer prestaciones transitorias para las personas de grado II y III mientras no se pueda acceder de inmediato al recurso solicitado u otorgado.

- Reconocimiento automático del 33% de grado de discapacidad a las personas reconocidas con grado Y de dependencia y reconocimiento de 65% de discapacidad a las personas reconocidas con grado II y III de dependencia.

Nombre y apellidos:

Realiza los siguientes ejercicios:

1. Cuando la persona necesita ayuda para realizar varias actividades básicas de la vida diaria dos o tres veces al día, pero no requieren el apoyo permanente de un cuidador o tiene necesidades de apoyo extenso para su autonomía personal, se trata del grado de dependencia:

a) Moderada

b) Severa

c) Gran dependencia

d) Gran invalidez

2. Las Actividades Básicas de la Vida Diaria son las tareas más elementales de la persona, que le permiten desenvolverse con un mínimo de autonomía e independencia, tales como:

a) cuidado personal, las actividades domésticas básicas, la movilidad esencial

b) reconocer personas y objetos, orientarse, entender y ejecutar órdenes o tareas sencillas.

c) preparar alimentos, administración de medicamentos, ir de compras, administrar el dinero

d) la a) y la b) son correctas

Nombre y apellidos:

Actividades

| Nombre y apellidos: |
| **Actividades** |
| |

CAPITULO 3. SISTEMA SANITARIO

1. MARCO NORMATIVO Y ESTRUCTURAS INSTITUCIONALES

La Ley 14/1986, de 25 abril, General de Sanidad, es la Ley de referencia que regula el Sistema Nacional de Salud (SNS) en España. La Ley 16/2003, de 28mayo, de Cohesión y Calidad del Sistema Nacional de Salud, constituye otro de los referentes normativos a considerar. Las estructuras institucionales de referencia se concretan, en el ámbito de la Administración General del Estado, en el Ministerio Sanidad, que corresponde la propuesta y ejecución de la política del Gobierno en materia de salud, de planificación y asistencia sanitaria, así como el ejercicio de las competencias de la Administración General del Estado para asegurar a los/as ciudadanos/as el derecho a la protección de la salud.

En el ámbito de la Administración Pública autonómica, la Conselleria de Sanidad es el organismo institucional de referencia en la Comunitat Valenciana en materia de sanidad.

2. ORGANIZACIÓN DEL SISTEMA

Las actuaciones de las Administraciones Públicas en materia sanitarias están orientadas a los siguientes fines:

1. La promoción de la salud.

2. La promoción del interés individual, familiar y social por la salud mediante la adecuada educación sanitaria de la población.

3. Garantizar que cuantas acciones sanitarias se desarrollen estén dirigidas a la prevención de las enfermedades y no sólo a la curación de las mismas.

4. Garantizar la asistencia sanitaria en todos los casos de pérdida de la salud.

5. Promover las acciones necesarias para la rehabilitación funcional y reinserción social de pacientes.

Se ha de asegurar la integración del principio de igualdad entre mujeres y hombres, garantizando su igual derecho a la salud.

2.1. Competencias de los diversos niveles de la Administración Pública

2.1.1. Competencias de la Administración Estatal

La Administración del Estado se encarga de la sanidad exterior y las relaciones y acuerdos sanitarios internacionales, de las bases y coordinación del SNS, de la política del medicamento y de la gestión del Instituto Nacional de Gestión Sanitaria (INGESA).

2.1.2. Competencias de la Administración Autonómica

Corresponden a la Generalitat Valenciana las competencias en planificación sanitaria, salud pública y gestión de los servicios de salud. Se articulan las siguientes competencias:

a) La determinación de los criterios y prioridades de la política en materia de salud y su gestión, así como la coordinación de las actuaciones que en esta materia se lleven a cabo en el ámbito territorial de la Comunitat Valenciana, en especial con las entidades locales, garantizando el debido funcionamiento de los servicios sanitarios y sociosanitarios.

b) El establecimiento de los criterios generales de planificación y ordenación territorial del Sistema Valenciano de Salud.

c) La vigilancia, supervisión, inspección y evaluación de las actividades del Sistema Valenciano de Salud y su adecuación al Plan de Salud de la Comunitat Valenciana.

d) La adopción de medidas de intervención sobre los centros, servicios y establecimientos sanitarios, los centros de atención sociosanitaria en materia de drogodependencias y otros trastornos adictivos, y las actividades con posible repercusión en la salud pública.

e) La aprobación, coordinación y fomento de programas de formación en el ámbito de la salud.

f) La aprobación, coordinación y fomento de programas de investigación e innovación en el ámbito de la salud.

g) La aprobación del mapa sanitario de la Comunitat Valenciana y de sus modificaciones.

h) La autorización, cualificación, catalogación, registro, evaluación y acreditación, en su caso, de todo tipo de servicios, centros o establecimientos sanitarios, así como su inspección y control.

i) La regulación y control de la publicidad sanitaria de conformidad con lo dispuesto en la normativa básica.

2.1.3. Competencias de las entidades locales

Los municipios de la Comunitat Valenciana han de prestar los servicios mínimos obligatorios en el ámbito sanitario establecidos en la legislación sobre régimen local. Estos son:

a) La salubridad pública.

b) El control sanitario de industrias, actividades, servicios y transportes.

c) El control sanitario de edificios y lugares de vivienda y convivencia humana, especialmente de los centros de alimentación, peluquerías, saunas y centros de higiene personal, hoteles y centros residenciales, escuelas, campamentos turísticos y áreas de actividad físico-deportivas y de recreo.

d) El control sanitario del medio ambiente urbano.

e) El control sanitario de los cementerios y la policía sanitaria mortuoria.

f) El ejercicio de la potestad sancionadora y la adopción de medidas especiales cautelares y definitivas, en los términos previstos en esta ley.

g) En materia de drogodependencias, las licencias y el establecimiento de criterios reguladores de la localización, distancia y características que deberán reunir los establecimientos donde se suministren, vendan, dispensen o consuman bebidas alcohólicas y tabaco, así como la vigilancia y control de estos establecimientos.

h) La participación, en colaboración con los equipos de atención primaria y de salud pública, encaminada a potenciar ciudades saludables, mediante la creación de mesas intersectoriales.

2.2. Organización del sistema sanitario público

Según la Ley General de Sanidad todas las estructuras y servicios públicos al servicio de la salud integran el Sistema Nacional de Salud. El Sistema Nacional de Salud es el conjunto de los Servicios de Salud de la Administración del Estado y de los Servicios de Salud de las Comunidades Autónomas. El Sistema Nacional de Salud integra todas las funciones y prestaciones sanitarias que son responsabilidad de los poderes públicos para el debido cumplimiento del derecho a la protección de la salud.

2.2.1. Organización territorial del sistema de salud
Áreas/Departamentos de salud

Las Áreas de Salud son las estructuras fundamentales del sistema sanitario, responsabilizadas de la gestión unitaria de los centros y establecimientos del Servicio de Salud de la Comunidad Autónoma en su demarcación territorial y de las prestaciones y programas sanitarios a desarrollar por ellos. Las comunidades autónomas delimitan y constituyen en su territorio demarcaciones sanitarias denominadas Áreas de salud.

El Sistema Valenciano de Salud se ordena en Departamentos de salud (equivalen a las áreas de salud previstas en la legislación básica estatal). Los Departamentos de salud, según la Ley de Salud de la Comunitat valenciana, son las estructuras fundamentales del Sistema Valenciano de Salud, siendo las demarcaciones geográficas en las que queda dividido el territorio de la Comunitat Valenciana a los efectos sanitarios. Delimitan el territorio de la Comunitat Valenciana para llevar a cabo una adecuada gestión y administración de la sanidad valenciana. Constituyen la referencia geográfica y poblacional en la que se interrelacionan los distintos recursos del sistema sanitario para posibilitar la prestación de una atención sanitaria integral.

Las Áreas/Departamentos de Salud se delimitan teniendo en cuenta los siguientes factores: geográficos, socioeconómicos, demográficos, laborales, epidemiológicos, culturales, climatológicos y de dotación de vías y medios de comunicación, así como las instalaciones sanitarias del Área/Departamento. La diversidad de áreas de salud muestra que son variables en extensión territorial y en el contingente de población comprendida en las mismas.

Como regla general, atendidos los factores indicados más arriba, el Área/Departamento de Salud extiende su acción a una población no inferior a 200.000 ni superior a 250.000 habitantes, sin perjuicio de las excepciones. En todo caso, cada provincia tendrá, como mínimo, un Área/Departamento de Salud. Cada área dispone de un hospital general como referente para la Atención Especializada. No obstante, se ha reorganizado la estructura organizativa de la Comunitat Valenciana con la creación de agrupaciones sanitarias interdepartamentales.

División de las Áreas/Departamentos de Salud en Zonas Básicas de Salud

El departamento de salud, atendiendo a los criterios de la máxima integración de los recursos asistenciales, se divide en zonas básicas de salud. La zona básica de salud es el ámbito territorial básico de actuación de la Atención Primaria. Para la determinación de las zonas básicas de salud se tienen en cuenta:

a) Las distancias máximas de las agrupaciones de población más alejadas de los servicios y el tiempo normal a invertir en su recorrido usando los medios ordinarios

b) El grado de concentración o dispersión de la población

c) Las características epidemiológicas de la zona

d) Las instalaciones y recursos sanitarios de la zona

Centros de Salud de las Zonas Básicas de Salud integradas en el Área de Salud

Centros de Salud de las Zonas Básicas de Salud

La zona básica de salud es el marco territorial de la Atención Primaria de salud que representa el acceso inicial al sistema sanitario desde los siguientes centros asistenciales:

Cuadro nº 4: Centros de la zona básica de salud

Zona Básica de Salud (Atención primaria)
Centros de Salud
Consultorios (y consultorios auxiliares)
Centros Sanitarios Integrados

Elaboración propia. Fuente: Generalitat Valenciana (2018) Memoria de gestión de la Conselleria de Sanidad y Salud Pública. Conselleria de Sanidad y Salud Pública.

Los Centros de Salud desarrollan de forma coordinada y mediante el trabajo en equipo (Equipo de Atención Primaria) todas las actividades encaminadas a la promoción, prevención, curación y rehabilitación de la salud, tanto individual como colectiva, de quienes habitan en la zona básica de salud.

El equipo de atención primaria tiene carácter multidisciplinar integrante en su estructura a personal de medicina de familia y comunitaria, pediatría, enfermería y personal administrativo, pudiendo disponer también de personal de trabajo social, fisioterapia y comadronas.

Como apoyo de la tarea realizada por el centro de salud han Unidades de Apoyo dependientes de los centros de Atención Primaria. Las Unidades de Apoyo a la atención primaria prestan servicios especializados dentro de un ámbito geográfico determinado apoyando a la medicina de familia y de pediatría.Su ámbito territorial de actuación supera la zona básica de salud y actúan de forma integrada y coordinada con los recursos especializados del departamento. Tienen la consideración de unidades de apoyo las siguientes:

Cuadro nº 5. Unidades de Apoyo a la Atención Primaria

Unidades de Apoyo a la Atención Primaria
Unidades Básicas de rehabilitación
Unidades de Odontología
Unidades de Salud Mental
Unidades de Conductas Adictivas
Unidades de Salud Sexual y Reproductiva
Unidades de Prevención de Cáncer de Mama.

Elaboración propia. Fuente: Ley 10/2014, de 29 de diciembre, de la Generalitat, de Salud de la Comunitat Valenciana. DOGV núm. 7434, de 31.12.2014.

2.2.2. Organización asistencial del sistema sanitario

El Sistema Nacional de Salud se organiza en dos entornos o niveles asistenciales: Atención Primaria y Atención Especializada.

Nivel de Atención Primaria

La Atención Primaria es la primera línea de atención a pacientes. Pone a disposición de la población una serie de servicios básicos a una distancia media de 15 minutos desde cualquier lugar de residencia. Los dispositivos asistenciales principales son los Centros de Salud, donde trabajan equipos multidisciplinares integrados por médicos/as de familia, pediatras, personal de enfermería y personal administrativo, de trabajo social, matronas y fisioterapeutas. Sus principales funciones son las de la promoción de la salud y prevención de la enfermedad. Se presta de forma ambulatoria o a demanda, domiciliaria y urgente.

Nivel de Atención especializada

La Atención Especializada se presta en Centros de especialidades y hospitales, de manera ambulatoria o en régimen de ingreso. La atención especializada se estructura en función los Departamentos de Salud, teniendo en cuenta diversos criterios, pero sin dejar de respetar la idea de proximidad de los servicios a los usuarios. Esta comprende el segundo nivel de atención sanitaria una vez superadas las posibilidades de la atención primaria y hasta que aquel pueda reintegrarse en dicho nivel. Contempla recursos materiales y humanos para atender las cuestiones y problemas sanitarios de mayor complejidad. La atención especializada al igual que la atención primaria presta servicios ambulatorios y de urgencia, aunque a diferencia de ésta puede ofrecer servicios de ingreso. El ingreso en la atención hospitalaria puede ser de Hospitalización Convencional, de Hospitalización a domicilio (Unidades de hospitalización Domiciliaria (UHD)), y Unidades Médicas de Corta Estancia (UMCE).

2.2.2.1. Drogodependencias y otros trastornos adictivos

En el ámbito autonómico valenciano la Consellería de Sanidad cuenta con una red socio-asistencial integrada por una serie de recursos para el diagnóstico, desintoxicación, deshabituación e integración social que se sintetizan en el siguiente cuadro:

Quadre nº 6. Recursos de atención a drogodependencias en la red socioasistencial

Tratamiento integral en la red pública	Unidad Desintoxicación Hospitalaria (UDH)
	Comunidad Terapéutica (CT)
	Centro de Día (CD)
	Viviendas de apoyo al Tratamiento (VAT)
	Viviendas de Incorporación Social (VIS)
Atenciones Especiales	CIBE (Centros de Intervención de Baja exigencia)
	Unidades de valoración y apoyo en drogodependencias (UVAD)
Juego Patológico	Recursos para el juego patológico (subvencions)
Atención preventiva	Unidades de Prevención Comunitaria en Conductas Adictivas (UPCCA)

Elaboración propia. Fuente: Generalitat Valenciana (2022) Memoria de gestión 2021. Conselleria de Sanidad y Salud Pública.

2.3. Sistema de Información Poblacional y documentos de identificación y acreditación sanitaria derivados del SIP (Comunitat Valenciana)

El Sistema de Información Poblacional (SIP) es el registro administrativo corporativo de la Conselleria competente en materia de sanidad que contiene información administrativa y sanitaria de las personas residentes en la Comunitat Valenciana y de aquellas que, no siendo residentes, acceden a las prestaciones sanitarias del Sistema

Valenciano de Salud. El SIP recoge, como mínimo, los datos de identificación, localización y modalidad de acreditación del derecho a la cobertura sanitaria de cada una de las personas registradas en él y, cuando proceda, la asignación de centro y médico/a. Toda persona registrada en el Sistema de Información Poblacional tiene asignado un número único de identificación personal, denominado número SIP, de carácter exclusivo.

Por su parte, la Tarjeta Sanitaria Individual (TSI), emitida por la Conselleria competente en materia de sanidad, es el documento administrativo personal e intransferible que identifica y acredita a su titular para el acceso a las prestaciones del Sistema Nacional de Salud a las que tenga derecho de acuerdo con la normativa básica estatal, así como, en su caso, a las prestaciones complementarias del Sistema Valenciano de Salud.

2.4. Personas titulares de la atención del sistema SNS

La titularidad del derecho a la asistencia en el Sistema Nacional de Salud se basa en la condición de ciudadanía y su reconocimiento se desliga, por tanto, de la condición de asegurado/a del sistema de Seguridad Social. De este modo, el acceso a la atención sanitaria en condiciones de equidad y de universalidad es un derecho básico de toda persona con nacionalidad española y las personas extranjeras que tengan residencia en España, así como personas no contempladas en estas condiciones y que se encuentren en determinadas circunstancias.

3. PRESTACIONES DEL SISTEMA NACIONAL DE SALUD (SNS)

3.1. Prestación de salud pública

La prestación de salud pública es el conjunto de iniciativas organizadas por las administraciones públicas para preservar, proteger y promover la salud de la población. Es una combinación de ciencias, habilidades y actividades dirigidas al mantenimiento y mejora de la salud de todas las personas a través de acciones colectivas o sociales.

La salud pública orientada directamente al ciudadano se articula a través de programas para la protección de riesgos para la salud, promoción de la salud y prevención de enfermedades, deficiencias y lesiones.

3.2. Prestación de atención primaria

La atención primaria es el nivel básico e inicial de atención, que garantiza la globalidad y continuidad de la atención a lo largo de toda la vida del/la paciente, actuando como gestor y coordinador de casos y regulador de flujos. Comprende actividades de promoción de la salud, educación sanitaria, prevención de la enfermedad, asistencia sanitaria, mantenimiento y recuperación de la salud, así como la rehabilitación física y el trabajo social. Todas estas actividades, dirigidas a las personas, a las familias y a la comunidad, bajo un enfoque biopsicosocial, se prestan por equipos interdisciplinares, garantizando la calidad y accesibilidad a las mismas, así como la continuidad entre los diferentes ámbitos de atención en la prestación de servicios sanitarios y la coordinación entre todos los sectores implicados.

3.3. Prestación de atención especializada

La atención especializada comprende las actividades asistenciales, diagnósticas, terapéuticas y de rehabilitación y cuidados, así como aquéllas de promoción de la salud, educación sanitaria y prevención de la enfermedad, cuya naturaleza aconseja que se realicen en este nivel. La atención especializada garantizará la continuidad de la atención integral al/la paciente, una vez superadas las posibilidades de la atención primaria y hasta que aquél pueda reintegrarse en dicho nivel. La atención especializada se presta, siempre que las condiciones del/la paciente lo permitan, en consultas externas y en hospital de día.

3.4. Prestación de atención de urgencia

La atención de urgencia es aquella que se presta al paciente en los casos en que su situación clínica obliga a una atención sanitaria inmediata. Se dispensará tanto en centros sanitarios como fuera de ellos, incluyendo el domicilio del paciente y la atención «in situ», durante las 24 horas del día, mediante la atención médica y de enfermería, y con la colaboración de otros profesionales.

3.5. Prestación farmacéutica

Es la prestación ambulatoria que se dispensa al paciente mediante receta médica u orden de dispensación hospitalaria a través de oficinas o servicios de farmacia y está sujeta a aportación económica de la persona usuaria.

La prestación farmacéutica comprende los medicamentos y productos sanitarios y el conjunto de actuaciones encaminadas a que los/as pacientes los reciban de forma adecuada a sus necesidades clínicas, en las dosis precisas según sus requerimientos individuales, durante el período de tiempo adecuado y al menor coste posible para ellos/as y la comunidad. La aportación del usuario se efectúa en el momento de la dispensación del medicamento o producto sanitario. Esta aportación es proporcional al nivel de renta del/a usuario/a que se actualiza, como máximo, anualmente.

3.6. Prestación ortoprotésica

La prestación ortoprotésica consiste en la utilización de productos sanitarios, implantables o no, cuya finalidad es sustituir total o parcialmente una estructura corporal, o bien modificar, corregir o facilitar su función. Comprende los elementos precisos para mejorar la calidad de vida y autonomía del paciente (implantes quirúrgicos, prótesis externas, sillas de ruedas, órtesis y ortoprótesis especiales). Esta prestación se facilita por los servicios de salud o da lugar a ayudas económicas.

3.7. Prestación con productos dietéticos

La prestación con productos dietéticos comprende la dispensación de los tratamientos dietoterápicos a las personas que padecen determinados trastornos metabólicos congénitos y la nutrición enteral domiciliaria para pacientes a los que no es posible cubrir sus necesidades nutricionales, a causa de su situación clínica, con alimentos de consumo ordinario. Esta prestación se facilita por los servicios de salud o da lugar a ayudas económicas.

3.8. Prestación de transporte sanitario

El transporte sanitario, consiste en el desplazamiento de personas enfermas por causas exclusivamente clínicas, cuya situación les impida desplazarse en los medios ordinarios de transporte. Tienen derecho a la financiación de esta prestación las personas enfermas o accidentadas cuando reciban asistencia sanitaria del SNS, en centros propios o concertados, y que, por imposibilidad física u otras causas exclusivamente clínicas, no puedan utilizar transporte ordinario para desplazarse a un centro sanitario o a su domicilio tras recibir la atención sanitaria correspondiente, en caso de que persistan las causas que justifiquen su necesidad. Pueden ir acompañados cuando la edad o situación clínica del paciente lo requiere.

3.9. Eutanasia

El Sistema Nacional de Salud contempla el derecho de toda persona que cumpla las condiciones exigidas a solicitar y recibir la prestación necesaria de ayuda para morir. Se garantizarán los medios y recursos de apoyo, materiales y humanos, incluidas las medidas de accesibilidad y diseño universales y los ajustes razonables que resultan precisos porque las personas solicitantes de la prestación de ayuda para morir reciben la información, forman y expresan su voluntad, otorgan su consentimiento y se comunican e interactúan con el entorno, de manera libre, a fin de que su decisión sea individual, madura y genuina, sin intromisiones, injerencias o influencias indebidas. Especialmente, se adoptarán las medidas pertinentes para proporcionar acceso a las personas con discapacidad/diversidad funcional al apoyo que pueden necesitar en el ejercicio de los derechos que tienen reconocidos en el ordenamiento jurídico.

Nombre y apellidos:

Realiza los siguientes ejercicios:

1. La prestación que comprende actividades de promoció de la salut, educació sanitària, prevenció de la malaltia, assistència sanitària, manteniment i recuperació de la salut, així com la rehabilitació física i el treball social, es denomina:

a) Sanidad pública

b) Salud pública

c) Atención primaria

d) Atención especializada

2. Como regla general, y sin perjuicio de excepciones, las áreas o departamentos de salud extienden su acción a una población:

a) De 20.000 habitantes

b) De 25.000 habitantes

c) No inferior a 20.000 ni superior a 25.000 habitantes

d) No inferior a 200.000 ni superior a 250.000 habitantes

Nombre y apellidos:

Actividades

Nombre y apellidos:
Actividades

Nombre y apellidos:
Actividades

CAPITULO 4. SISTEMA EDUCATIVO

1. MARCO NORMATIVO Y ESTRUCTURAS INSTITUCIONALES

El marco regulador del sistema educativo en España lo conforma la Ley Orgánica 3/2020, de 29 de diciembre, por la que se modifica la Ley Orgánica 2/2006, de 3 de mayo, de Educación. Los organismos institucionales de referencia en materia educativa son el Ministerio de Educación, Formación Profesional y Deportes en el nivel de la Administración General del Estado, y la Conselleria de Educación, Cultura, Universidades y empleo en el ámbito autonómico de la Comunidad Valenciana.

2. ORGANIZACIÓN DEL SISTEMA

El sistema educativo español es el conjunto de Administraciones educativas, profesionales de la educación y otros agentes, públicos y privados, que desarrollan funciones de regulación, de financiación o de prestación de servicios para el ejercicio del derecho a la educación en España, y las personas titulares de este derecho, así como el conjunto de relaciones, estructuras, medidas y acciones que se desarrollen al efecto.

El sistema educativo está inspirado en una serie de principios, de entre los que se destacan desde un punto de vista social, los siguientes:

La equidad que garantice la igualdad de oportunidades para el pleno desarrollo de la personalidad a través de la educación, la inclusión educativa, la igualdad de derechos y oportunidades, también entre mujeres y hombres, que ayuden a superar cualquier discriminación y la accesibilidad universal a la educación, y que actúe como elemento compensador de las desigualdades personales culturales, económicas y sociales, con especial atención a las que se deriven de cualquier tipo de diversidad funcional.

La calidad de la educación para todo el alumnado, sin que exista discriminación alguna por razón de nacimiento, sexo, origen racial, étnico o geográfico, discapacidad/diversidad funcional, edad, enfermedad, religión o creencias, orientación o identidad sexual o cualquier otra condición o circunstancia personal o social.

La flexibilidad para adecuar la educación a la diversidad de aptitudes, intereses, expectativas y necesidades del alumnado, así como a los cambios que experimentan el alumnado y la sociedad.

La orientación educativa y profesional de los/las estudiantes, como medio necesario para el logro de una formación personalizada, que propicie una educación integral en conocimientos, destrezas y valores.

La educación para la convivencia, el respeto, la prevención de conflictos y la resolución pacífica de los mismos, así como para la no violencia en todos los ámbitos de la vida personal, familiar y social, y en especial en el del acoso escolar y ciberacoso con el fin de ayudar al alumnado a reconocer toda forma de maltrato, abuso sexual, violencia o discriminación y reaccionar frente a ella.

El desarrollo de la igualdad de derechos, deberes y oportunidades, el respeto a la diversidad afectivo-sexual y familiar, el fomento de la igualdad efectiva de mujeres y hombres a través de la consideración del régimen de la coeducación de niños y niñas, la educación afectivo-sexual, adaptada al nivel madurativo, y la prevención de la violencia de género, así como el fomento del espíritu crítico y la ciudadanía activa.

2.1. Las enseñanzas del sistema educativo

La LOE contempla que el sistema educativo se organiza en etapas, ciclos, grados, cursos y niveles de enseñanza. Las enseñanzas que ofrece el sistema educativo son las siguientes:

a) Educación infantil.

b) Educación primaria.

c) Educación secundaria obligatoria.

d) Bachillerato.

e) Formación profesional.

f) Enseñanzas de idiomas.

g) Enseñanzas artísticas.

h) Enseñanzas deportivas.

i) Educación de personas adultas.

j) Enseñanza universitaria.

La enseñanza básica es obligatoria y gratuita para todas las personas. Comprende diez años de escolaridad y se desarrolla, de forma regular, entre los seis y los dieciséis años de edad. No obstante, de manera excepcional, el alumnado tiene derecho a permanecer en régimen ordinario cursando la enseñanza básica hasta los dieciocho años de edad, cumplidos en el año en que finalice el curso.

Las enseñanzas del sistema educativo se han de **adaptar** al alumnado con *necesidad específica de apoyo educativo*. Dicha adaptación garantizará el acceso, la permanencia y la progresión de este alumnado en el sistema educativo bajo el principio de la educación inclusiva. Para garantizar el derecho a la educación de quienes no puedan asistir de modo regular a los centros docentes, se desarrolla una oferta de educación a distancia o, en su caso, de apoyo y atención educativa específica.

2.2. Clasificación, denominación y admisión en centros

2.2.1. Clasificación

Los centros docentes se clasifican en públicos y privados. Son centros públicos aquellos cuyo titular es una Administración pública. Son centros privados son aquellos cuyo titular es una persona física o jurídica de carácter privado, y son centros privados concertados los centros privados acogidos al régimen de conciertos con la Administración pública legalmente establecido, con lo que están sostenidos con fondos públicos. La prestación del servicio público de la educación se realiza a través de los centros públicos y los privados concertados.

2.2.2. Denominación de los centros públicos

Escuelas Infantiles (EI): centros públicos que ofrecen educación infantil.

Colegios de Educación Primaria (CEP): centros donde se imparte la educación primaria.

Institutos de Educación Secundaria (IES): centros que imparten educación secundaria obligatoria, bachillerato y formación profesional.

Colegios de Educación Infantil y Primaria (CEIP): centros públicos donde se cursa la educación infantil y la educación primaria.

Instituto-Escuela: centro que imparte enseñanza de segundo ciclo de educación infantil, educación primaria, y educación secundaria obligatoria, y en su caso, ciclos formativos de grado básico. Al menos impartirá las etapas de la educación primaria y educación secundaria obligatoria (en el ámbito de la Comunidad Valenciana).

Escuelas de Arte (EA): centros públicos que ofrecen enseñanzas profesionales de artes plásticas y diseño.

Conservatorios: los centros que imparten enseñanzas profesionales y, en su caso, elementales, de música y danza.

Centros de Educación Especial (CEE): centros que ofrecen enseñanzas dirigidas a alumnado con necesidades educativas especiales que requiere determinados apoyos y atenciones educativas específicas para la consecución de los objetivos de aprendizaje adecuados a su desarrollo. En los centros ordinarios también hay unidades específicas para este alumnado con necesidades educativas especiales.

2.2.3. Admisión del alumnado y garantías de gratuidad

Las Administraciones educativas regulan la admisión de alumnos/as en centros públicos y privados concertados para garantizar el derecho a la educación, el acceso en condiciones de igualdad y la libertad de elección de centro. En todo caso, se debe atender a una adecuada y equilibrada distribución entre los centros escolares del alumnado con necesidad específica de apoyo educativo.

En el ámbito Valenciano la preferencia de acceso a los centros se efectuará conforme el orden de prelación siguiente:

1. El alumnado procedente del mismo centro escolar.

2. El alumnado procedente de los centros adscritos, siempre que confirme plaza.

3. El alumnado que se encuentre en situación de acogida familiar o en guarda con fines de adopción. Este alumnado tendrá preferencia para acceder, a elección de la familia, al centro donde estén escolarizados los hijos o hijas de las familias acogedoras u otros menores a su cargo.

4. El alumnado en acogida residencial.

5. El alumnado que haya de cambiar de residencia por causa de violencia de género o de terrorismo.

6. El alumnado que tenga que cambiar de residencia por desahucio familiar o por otras situaciones graves de exclusión social acreditadas.

7. Según lo establecido en el artículo 85.3 de la Ley orgánica 2/2006, de 3 de mayo, de educación, el alumnado que curse simultáneamente enseñanzas regladas de música o danza y enseñanzas de educación secundaria tendrá prioridad para ser admitido en los centros que impartan enseñanzas de educación secundaria que la Administración educativa determine. El mismo tratamiento se aplicará al alumnado que siga programas deportivos de alto rendimiento, de alto nivel o de elite.

8. El alumnado del centro tendrá preferencia para acceder a las plazas vacantes ofertadas en su propio centro cuando se trate de las plazas de primer curso de Bachillerato de aquellas modalidades que el centro tenga autorizadas a impartir, a excepción de la modalidad de Artes, en sus dos vías. En el caso de que el número de alumnado que opte por acceder al primer curso de Bachillerato de dichas modalidades exceda de las vacantes del centro, se garantiza un puesto escolar en otro centro de la localidad, respetando el orden de baremación.

2.3. Necesidad Específica de Apoyo Educativo

Las Administraciones educativas dispondrán los medios necesarios para que todo el alumnado alcance el máximo desarrollo personal, intelectual, social y emocional, así como los objetivos establecidos con carácter general.

Corresponde a las Administraciones educativas asegurar los recursos necesarios para que el alumnado que requiera una atención educativa diferente a la ordinaria pueda alcanzar el máximo desarrollo posible de sus capacidades personales y, en todo caso, los objetivos establecidos con carácter general para todo el alumnado. La atención educativa por necesidad específica se identifica con los siguientes perfiles de alumnado que presenta:

-   necesidades educativas especiales

-   retraso madurativo

-   trastornos del desarrollo del lenguaje y la comunicación

-   trastornos de atención o de aprendizaje

-   desconocimiento grave de la lengua de aprendizaje

-   encontrarse en situación de vulnerabilidad socioeducativa

-   altas capacidades intelectuales

-   incorporación tardía al sistema educativo

-   por condiciones personales o de historia escolar.

Las Administraciones educativas con la intención de facilitar la escolarización de este alumnado, su mejor incorporación al centro educativo, la promoción del éxito educativo y la prevención del abandono escolar temprano colabora entre sí y con entidades públicas o privadas, instituciones o asociaciones.

2.3.1. Detección de Necesidades Específicas de Apoyo Educativo

La detección de las Necesidades Específicas de Apoyo Educativo, contemplan procedimientos que se aplican al inicio o durante la escolarización. Uno de los procedimientos más importantes es la evaluación sociopsicopedagógica.

La evaluación sociopsicopedagógica es el proceso mediante el cual, a partir de la recogida de información y el análisis de las interacciones entre las circunstancias personales del alumnado y las características del contexto, se identifican las necesidades específicas de apoyo educativo, con el fin de eliminar las barreras que dificultan el acceso, la participación y el aprendizaje, tomar decisiones sobre las medidas de respuesta educativa más adecuadas y planificar los apoyos.

La evaluación sociopsicopedagógica recoge información relevante sobre los siguientes aspectos:

a) La historia escolar, referida a la trayectoria escolar y académica de la alumna o el alumno.

b) El alumnado. Incluye los aspectos de autonomía personal, cognitivos, emocionales, sociales, académicos, vocacionales, etc., así como los datos evolutivos y de salud que sean relevantes para el proceso de enseñanza-aprendizaje.

c) El contexto familiar. Incluye el clima afectivo, la percepción y la vivencia de la situación, la dinámica familiar, las expectativas hacia sus hijas y sus hijos, la colaboración con el centro, los apoyos recibidos, etc.

d) El contexto escolar. Incluye, entre otros, el análisis de los aspectos organizativos, curriculares, metodológicos y relacionales del centro y del aula que favorecen o dificultan la accesibilidad en todas sus dimensiones (física, cognitiva, sensorial y emocional), la participación y el aprendizaje del alumnado, así como las relaciones con la comunidad educativa y con el entorno.

e) El contexto socio-comunitario. Incluye la información referida en la interacción del alumnado con su entorno social próximo, en espacios de ocio y en lugares donde se desarrollan aprendizajes informales o no formales, incluyendo las barreras y las oportunidades, así como la información sobre las coordinaciones con entidades externas, públicas y privadas, que facilitan apoyos externos al alumnado.

La evaluación sociopsicopedagógica tiene carácter prescriptivo para la aplicación de las siguientes medidas:

a) Escolarización o revisión de la escolarización en una unidad específica en un centro ordinario, en un centro específico de educación especial o en las modalidades combinadas entre un centro ordinario y un centro específico de educación especial o entre un centro ordinario y una unidad educativa terapéutica.

b) Escolarización en un centro educativo ordinario especializado de alumnado con discapacidad motriz.

c) Apoyo de personal educador de educación especial y/o de personal fisioterapeuta.

Para realizar la evaluación sociopsicopedagógica intervienen los equipos y departamentos de orientación, que tienen la competencia en su realización, identificando las necesidades específicas de apoyo educativo, de forma colaborativa y participativa con los equipos educativos, con el personal especializado de apoyo, y si procede, con agentes externos.

El personal de trabajo social adscrito a las Unidades Especializadas de Orientación participa cuando existen circunstancias de vulnerabilidad socioeducativa que requieran su valoración, en coordinación con los servicios sociales de atención primaria y, si procede, con otros agentes del ámbito de la protección de las personas menores.

2.4. Necesidad de Compensación de las Desigualdades en educación

Con el fin de hacer efectivo el principio de equidad en el ejercicio del derecho a la educación, las Administraciones públicas desarrollarán acciones dirigidas hacia las personas, grupos, entornos sociales y ámbitos territoriales que se encuentren en situación de vulnerabilidad socioeducativa y cultural con el objetivo de eliminar las barreras que limitan su acceso, presencia, participación o aprendizaje, asegurando con ello los ajustes razonables en función de sus necesidades individuales y prestando el apoyo necesario para fomentar su máximo desarrollo educativo y social, de manera que puedan acceder a una educación inclusiva, en igualdad de condiciones con los demás.

Las políticas de compensación reforzarán la acción del sistema educativo de forma que se eviten desigualdades derivadas de factores:

> sociales
> económicos
> culturales
> geográficos
> étnicos
> de otra índole

2.4.1. La Escolarización en la compensación de las desigualdades

En aquellos centros escolares, zonas geográficas o entornos sociales en los cuales exista concentración de alumnado en situación de vulnerabilidad socioeducativa, las Administraciones educativas desarrollarán iniciativas para compensar esta situación.

La compensación educativa pone especial atención en la oferta educativa extraescolar y en el ocio educativo, así como en el acompañamiento y tutorización al alumnado y a las familias. Las actuaciones más relevantes de la compensación educativa son las becas y ayudas en el estudio y la promoción de la igualdad de oportunidades en el medio rural.

2.4.2. Compensación de las desigualdades en la Comunitat Valenciana

En la Comunitat Valenciana, el alumnado con necesidades de compensación de desigualdades es aquel que presenta dificultades en el acceso, la permanencia o el progreso en el sistema educativo por motivos sociales, económicos, culturales, geográficos, étnicos o de otra índole, y tiene una mayor probabilidad de no lograr los objetivos de la educación obligatoria y, por lo tanto, de no obtener una titulación y cualificación profesional mínima que facilite su integración sociolaboral.

Se incluye el alumnado en las situaciones siguientes:

a) Condiciones económicas o sociales desfavorecidas.

b) Condiciones sociales que comportan posibles situaciones de desprotección y abandono.

c) Pertenencia a minorías étnicas o culturales en situación de desventaja social y económica.

d) Acogida en instituciones de protección social del menor o acogida familiar.

e) Cumplimiento de medidas judiciales.

f) Escolarización irregular por itinerancia familiar.

g) Escolarización irregular por abandonos educativos reiterados y periódicos.

h) Enfermedades crónicas que requieren una atención específica.

2.4.2.1. Detección de necesidades de compensación de desigualdades:

Cuando el alumnado está escolarizado, la detección de las necesidades de compensación de desigualdades la puede realizar el equipo directivo, los equipos educativos i los equipos o departamentos de orientación, mediante la información aportada por las familias, los servicios sociales, los servicios sanitarios y/o los servicios de protección de las personas menores, o cuando observen indicadores y factores de vulnerabilidad socioeducativa. En cualquier de los casos, esta información se tiene que poner en conocimiento del equipo directivo.

Quadre nº7. Situacions de compensació de desigualtats i fonts d'informació.

Situación	Fuentes de información
a) Condiciones económicas o sociales desfavorecidas	Información económica y social de becas y ayudas. Información de los servicios sociales, cuando exista una intervención por esta circunstancia. Información aportada por la familia sobre la concesión de la Renta Valenciana de Inclusión, el Ingreso Mínimo Vital u otras ayudas parecidas.
b) Condiciones sociales que conllevan posibles situaciones de desprotección y abandono familiar	Información sobre situaciones de atención socioeducativa u Hoja de notificación para la protección del alumnado menor de edad (Orden 5/2021). Información de los servicios sociales, cuando exista una intervención por esta circunstancia.
c) Pertenencia a minorías étnicas o culturales en situación de desventaja social y económica (Incluye el alumnado recién llegado, desplazado o refugiado, que se encuentra en esta situación)	Información derivada del apartado 1 de la aplicación del protocolo de acogida, que determina el proceso de matriculación (Resolución de 5 de junio de 2018, de la Conselleria de Educación, Investigación, Cultura y Deporte, por la cual se dictan instrucciones y orientaciones para actuar en la acogida de alumnado recién llegado, especialmente el desplazado, en los centros educativos de la Comunidad Valenciana). Información de los servicios sociales, cuando exista una intervención por esta circunstancia. Documentación acreditativa de la situación de desventaja social y económica.
d) Acogida en instituciones de protección social del menor o acogida familiar	Documentación de tutela de la Administración.
e) Cumplimiento de medidas judiciales	Resolución de sentencia y/o medidas cautelares.
f) Escolarización irregular por itinerancia familiar	Expediente del alumnado.
g) Escolarización irregular por abandonos educativos reiterados y periódicos (Incluye la desescolarización, el abandono escolar prematuro i el absentismo grave o crónico)	Informes del módulo de asistencia de ITACA. Expediente del alumnado.
h) Enfermedades crónicas que requieren una atención específica (Incluye el alumnado en situación de	Informes médicos. Pla terapéutico e informe de la USMIA, en el caso de problemas graves de salud mental. Informes de las instrucciones para la detección y la atención temprana del alumnado que puede presentar problemas de

atención domiciliaria y atención hospitalaria)	salud mental (Resolución de 11 de diciembre de 2017, de la Conselleria de Educación, Investigación, Cultura y Deporte y de la Conselleria de Sanidad Universal y Salud Pública, por la cual se dictan instrucciones para la detección y la atención temprana del alumnado que pueda presentar un problema de salud mental.

Fuente: Resolución de 23 de diciembre de 2021, de la directora general de Inclusión Educativa, por la cual se dictan instrucciones para la detección y la identificación de las necesidades específicas de apoyo educativo y las necesidades de compensación de desigualdades. DGV, nº 9245, de 29.12.2021.

Unidades Pedagógicas Hospitalarias

Las Unidades Pedagógicas Hospitalarias están previstas para el alumnado escolarizado en el último curso del segundo ciclo de Educación Infantil, Educación Primaria, Educación Secundaria Obligatoria y Bachillerato que no puede asistir al centro docente porque se encuentra en una situación de convalecencia de larga duración, por prescripción facultativa.

3. PROGRAMAS Y MEDIDAS DE EDUCACIÓN INCLUSIVA EN LA COMUNITAT VALENCIANA

3.1. El Plan de Actuación para la Mejora (PAM)

En cada centro educativo se elabora la Programación General Anual (PGA) que contempla una parte pedagógica denominada Plan de Actuación para la Mejora (PAM) que está formado por el conjunto de actuaciones planificadas por el centro con el fin de mejorar la calidad educativa, a partir de las necesidades identificadas en el proceso de evaluación continua. El PAM se diseña desde una perspectiva inclusiva teniendo en cuenta las características y oportunidades del centro, de las familias y del contexto sociocomunitario, así como la diversidad y las necesidades del alumnado y de la comunidad educativa.

Entre las actuaciones a poner en marcha por el PAM, de acuerdo con la regulación de las diferentes etapas educativas, se preverán las siguientes adaptaciones curriculares ante la diversidad del alumnado:

a) La concreción anual del currículo y de todos los planes que forman parte del proyecto educativo del centro.

b) La organización de los grupos con criterios inclusivos.

c) La organización de grupos flexibles heterogéneos.

d) La organización de actividades de refuerzo y de profundización.

e) Las medidas educativas complementarias para el alumnado que permanezca un año más en el mismo curso.

f) La organización de la optatividad.

g) La organización de las horas de libre disposición del centro.

h) Las actividades complementarias.

i) El programa de mejora del aprendizaje y del rendimiento (PMAR).

j) El programa de refuerzo para el cuarto curso de la Educación Secundaria Obligatoria (PR4).

k) El programa de aula compartida (PAC).

l) Otras actuaciones curriculares, de acceso y de participación autorizadas por la conselleria competente en materia de educación para dar respuesta a las necesidades del alumnado.

3.2. Orientación educativa y profesional

La orientación educativa se planifica y se desarrolla desde los centros educativos en todos los niveles de respuesta y a lo largo de las diferentes etapas. Forma parte de la función docente y se integra en el proceso educativo a través de los diferentes planes, programas y ámbitos de actuación: la docencia, la tutoría y la orientación especializada, de manera coordinada y en colaboración con toda la comunidad educativa y los agentes del entorno.

Cuadro nº 8. Servicios de Orientación educativa y profesional

Lugar de la Orientación	Servicio de Orientación	
Externo Coordinación territorial	**Unidades Específicas de Orientación**	
Externo Coordinación	**Agrupaciones de Orientación de Zona**	
En centros	**Equipos de orientación** (en centros E. Infantil, E. Primaria, E. Especial)	**Departamenots de Orientación** (en centros E. Secundaria)
En centros	**Docencia y Tutoría** (en aula de los centros docentes)	
En Ayuntamientos	**Gabinets psicopedagógicos municipales**	

Elaboración propia. Fuente: Decreto 72/2021, de 21 de mayo, del Consell, de organización de la orientación educativa y profesional en el sistema educativo valenciano. DGV, nº 9099, de 03.06.202.

Acción tutorial y orientación educativa

La tutoría, en colaboración con las familias, y la orientación educativa, académica y profesional son funciones del profesorado, que deben realizarse de forma cooperativa con los equipos de orientación educativa y los departamentos de orientación educativa y profesional, de acuerdo con los criterios fijados por el claustro y aquello que dispongan los decretos que regulan la organización y el funcionamiento de las diferentes enseñanzas.

Desde las actuaciones de orientación educativa y profesional y los planes de acción tutorial de todas las etapas, el profesorado tutor, con el conjunto del equipo educativo, debe participar también en el proceso de identificación de las barreras a la inclusión y de las necesidades del alumnado para ofrecer la respuesta más adecuada en cada caso, con la participación del propio alumnado, de las familias y de los agentes sociales, las organizaciones, las instituciones y las asociaciones del entorno, como elementos clave para prevenir los mecanismos de exclusión.

Equipos de orientación educativa

Los centros docentes de titularidad de la Generalitat que imparten enseñanzas de educación infantil y primaria y de educación especial dispondrán de equipos de orientación educativa, los cuales tendrán la consideración de órganos de coordinación.

Estos equipos de orientación educativa de los centros de educación infantil y primaria de titularidad de la Generalitat estarán constituidos por el profesorado de la especialidad de orientación educativa y por el personal especializado de apoyo, docente y no docente, que interviene en el centro.

Estos equipos en los centros de educación especial de titularidad de la Generalitat estarán constituidos por el profesorado de la especialidad de orientación educativa y una persona de la plantilla, designada por la dirección del centro, por cada una de las especialidades siguientes: pedagogía terapéutica, audición y lenguaje, educadora de educación especial y fisioterapia, así como por el personal del ámbito social y sanitario que interviene en el centro.

Departamentos de orientación educativa y profesional

Los centros docentes sostenidos con fondos públicos que imparten educación secundaria y los centros públicos integrados de formación profesional disponen de departamentos de orientación educativa y profesional. Estos departamentos están constituidos por el profesorado de la especialidad de orientación educativa y por el personal especializado de apoyo, docente y no docente, que interviene en el centro. En el caso de los centros que imparten ciclos formativos, también forma parte el profesorado que realiza las tareas de información y orientación vinculadas a laempleo.

La coordinación externa de los equipos de orientación educativa y los departamentos de orientación educativa y profesional:

Agrupaciones de orientación de zona

Las agrupaciones de orientación de zona están constituidas por el conjunto del profesorado de la especialidad de orientación educativa que atiende los centros de titularidad de la Generalitat adscritos a un mismo instituto de educación secundaria obligatoria de titularidad de la Generalitat.

En el marco de las agrupaciones de orientación de zona, los equipos de orientación educativa y los gabinetes psicopedagógicos municipales tienen que realizar la detección y la identificación previa a la escolarización de las necesidades específicas de apoyo educativo y cooperar con los consejos escolares municipales o las comisiones técnicas correspondientes en la identificación de las necesidades de compensación de desigualdades, con la colaboración, si procede, de las unidades especializadas de orientación y de los centros de educación especial como centros de recursos.

Coordinación territorial de la orientación

La Conselleria competente en materia de educación organiza por demarcaciones territoriales, estructuras flexibles de coordinación de los equipos de orientación educativa y de los departamentos de orientación educativa y profesional que tengan como objetivos, entre otros, la difusión y el intercambio de información, recursos y buenas prácticas, el conocimiento de los recursos de la zona de actuación, la actualización de competencias profesionales, la promoción de la investigación y la innovación educativa, la discusión profesional, la toma de decisiones y la unificación de criterios técnicos de intervención para la mejora de la calidad de la orientación y la inclusión del alumnado.

Las unidades especializadas de orientación organizan estas coordinaciones territoriales y colaboran con los equipos de orientación educativa, los departamentos de orientación educativa y profesional y las agrupaciones de orientación de zona en el desarrollo de las funciones de acuerdo con las directrices que establezca el centro directivo competente en orientación educativa.

Unidades especializadas de orientación

Las unidades especializadas de orientación constituyen unidades interprofesionales que complementan y apoyan, desde una perspectiva socioeducativa, la intervención que realizan los equipos de orientación educativa, los departamentos de orientación educativa y profesional y las agrupaciones de orientación de zona.

Las unidades especializadas de orientación asesoran e intervienen en los siguientes ámbitos de especialización:

– Convivencia y conducta

– Igualdad y diversidad

- Trastornos del espectro del autismo (TEA)

– Discapacidades sensoriales: auditivas y visuales

– Discapacidad motriz

– Discapacidad intelectual

– Altas capacidades intelectuales

– Dificultades específicas de aprendizaje

– Trastorno por déficit de atención e hiperactividad (TDAH)

Nombre y apellidos:
Realiza los siguientes ejercicios:
1. ¿Qué recurso está previsto para el alumnado escolarizado en el último curso del segundo ciclo de Educación Infantil, Educación Primaria, Educación Secundaria Obligatoria y Bachillerato que no puede asistir al centro docente porque se encuentra en una situación de convalecencia de larga duración, por prescripción facultativa?   a) La organización de los grupos con criterios inclusivos   b) Las Unidades Pedagógicas Hospitalarias   c) La atención al alumnado con dificultades específicas de aprendizaje   d) Las actividades complementarias   2. El alumnado que afronta barreras que limitan su acceso, presencia, participación o aprendizaje, derivadas de diversidad funcional o de trastornos graves de conducta, de la comunicación y del lenguaje, por un periodo de su escolarización o a lo largo de toda ella, y que requiere determinados apoyos y atenciones educativas específicas para la consecución de los objetivos de aprendizaje adecuados a su desarrollo, se le denomina alumnado con: a) Necesidad de compensación educativa   b) Necesidad específica de apoyo educativo   c) Necesidad de programas de seguimiento escolar   d) Necesidad educativas especiales

Nombre y apellidos:
Actividades

Nombre y apellidos:

Actividades

Nombre y apellidos:
Actividades

CAPITULO 5. SISTEMA DE TRABAJO

1. MARCO NORMATIVO Y ESTRUCTURAS INSTITUCIONALES

La Ley 3/2023, de 28 de febrero, de Empleo es la norma de referencia básica que regula sistema de empleo en España. El Ministerio de Trabajo y Economía Social, representa la estructura institucional de referencia en materia de trabajo de la Administración General del Estado, así como el desarrollo de la política del Gobierno en materia de empleo, economía social y responsabilidad social de las empresas. Vinculado a este Ministerio se encuentra el Servicio Estatal Público de Empleo (SEPE) / Agencia Española de Empleo, que una entidad de derecho público de la Administración General del Estado a la cual se le encomienda la ordenación, desarrollo y seguimiento de los programas y medidas de las políticas activas de empleo y de protección por desempleo. En el ámbito autonómico de la Administración pública valenciana, es la Conselleria de Educación, Cultura, Universidades y Empleo la estructura institucional con competencia en materia de trabajo al cual está vinculado el Servicio Valenciano de Empleo y Formación (LABORA), con competencias de la política de la Generalitat Valenciana en materias de intermediación laboral y de políticas activas de empleo de su competencia.

2. ORGANIZACIÓN DEL SISTEMA

2.1. Sistema Nacional de Empleo

El Sistema Nacional de Empleo está integrado por todas las estructuras administrativas, recursos materiales y humanos, estrategias, planes, programas e información dirigidas a implementar políticas de empleo, bien sean de titularidad estatal o autonómica. Está conformado por el SEPE / Agencia Española de Empleo y por los servicios públicos de empleo de las Comunidades Autónomas. Además de estas últimas, también colaboran con el Sistema Nacional de Empleo las Corporaciones locales, otras entidades, públicas o privadas. El SEPE / Agencia Española de Empleo y los servicios públicos de empleo de las Comunidades Autónomas tienen la consideración de servicios públicos de empleo.

El SEPE / Agencia Española de Empleo es un organismo adscrito al Ministerio de Trabajo y Economía Social al cual se le encomienda la ordenación, desarrollo y seguimiento de los programas y medidas de las políticas activas de empleo y de protección por desempleo. Entre las competencias del SEPE / Agencia Española de Empleo se destacan, entre otras, las siguientes:

> La gestión y el control de las prestaciones por desempleo. Implica coordinar éstas con las políticas activas de empleo que desarrollan los servicios de empleo de las comunidades autónomas.

Gestionar los servicios y programas financiados con cargo a la reserva de crédito establecida en su presupuesto de gastos, en concreto:

En el marco de planes, estrategias o programas de ámbito estatal, y ejecución de obras y servicios de interés general y social relativos a competencias exclusivas del Estado, gestionar el desarrollo de programas para realizar acciones formativas para la generación de empleo de calidad y la mejora de oportunidades de las personas demandantes de empleo y de las personas ocupadas.

Servicios y programas de intermediación y políticas activas de empleo para la integración laboral de trabajadores/as inmigrantes.

Coordinar e impulsar acciones de movilidad en el ámbito estatal y europeo, así como representar al Estado español en la red EURES.

Gestionar el Observatorio de las Ocupaciones.

Percibir las ayudas de fondos europeos.

Elaborar el proyecto de la Estrategia Española de Apoyo Activo al Empleo, del Plan Anual para el Fomento del Empleo digno y de las Recomendaciones Específicas para el fomento del empleo digno, en colaboración con las Comunidades Autónomas.

Coordinar los Centros de orientación, emprendimiento, acompañamiento e innovación para el empleo y fomentar la colaboración entre ellos.

Los Servicios Públicos de Empleo de las Comunidades Autónomas son los órganos (o entidades de las mismas a los que dichas administraciones encomienden), en sus respectivos ámbitos, la gestión y el desarrollo de las políticas activas de empleo, así como garantizar la prestación de los servicios de empleo comunes y complementarios, para lo cual podrán establecer lazos de colaboración con Corporaciones Locales u otras entidades, públicas o privadas.

El Servicio Valenciano de Empleo y Formación (LABORA) en el ámbito de la Comunitat Valenciana es un organismo autónomo de naturaleza administrativa de la Generalidad Valenciana, adscrito a la Conselleria, que tiene encomendadas funciones de ejecución de la política de la Generalidad Valenciana en materia de intermediación en el mercado de trabajo y de orientación laboral, y, gradualmente, las políticas activas de empleo y de formación profesional, tanto ocupacional como continua de su competencia.

2.2. Sistema Público Integrado de Información de los Servicios Públicos de Empleo

Sistema Público Integrado de Información de los Servicios Públicos de Empleo se configura como una red de información común para toda la estructura pública y privada del empleo, que se organizará, en beneficio de las personas demandantes de los servicios de empleo y de las personas, empresas y otras entidades empleadoras. Este sistema está integrado por:

a) El SEPE / Agencia Española de Empleo.

b) Los servicios públicos de empleo de las Comunidades Autónomas.

c) Las agencias privadas de colocación.

d) Las entidades colaboradoras de los servicios públicos de empleo.

2.3. La política de empleo

Integran la política de empleo las políticas activas de empleo y las políticas de protección ante el desempleo, el diseño y ejecución de la cual tendrán que coordinarse mediante la colaboración de las Administraciones públicas y con la participación de los interlocutores sociales.

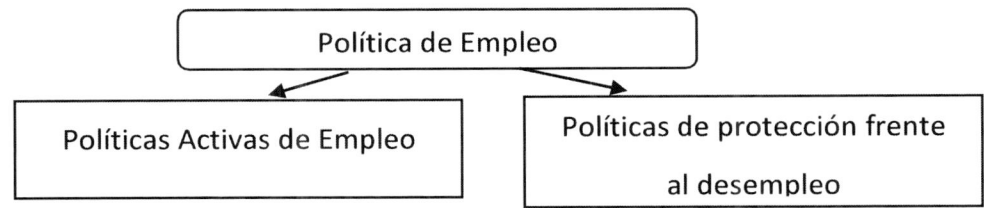

Cuadro nº 9. Comparación entre las políticas activas de empleo y las políticas de protección económica frente al desempleo

Políticas activas de empleo (LABORA)	Políticas de protección económica frente al desempleo (SEPE)
Decisiones, medidas, servicios y programas orientados a la contribución a la **mejora de la empleabilidad y reducción del desempleo**, al pleno desarrollo del derecho al empleo digno, estable y de calidad, a la generación de trabajo decente y a la consecución del objetivo de pleno empleo en el marco de la estrategia coordinada para el empleo de la Unión Europea.	**Prestaciones** y **subsidios** orientados a la **protección económica** de las situaciones de desempleo.

Elaboración propia. Fuente: Ley 3/2023, de 28 de febrero, de Empleo. BOE núm. 51, de 01.03.2023.

2.4. Las políticas activas de empleo

Las políticas activas de empleo se definen como el conjunto de servicios y programas de orientación, intermediación, empleo, formación en el trabajo y asesoramiento para el autoempleo y lo emprendimiento dirigidas a impulsar la creación de empleo y a mejorar las posibilidades de acceso a un empleo digno, miedo cuenta de otro o propia, de las personas demandantes de los servicios de empleo, al mantenimiento y mejora de su empleabilidad y al fomento del espíritu empresarial y de la economía social.

2.4.1. Objetivos prioritarios de las políticas activas de empleo

1. Elevar la empleabilidad de las personas demandantes de los servicios de empleo

2. Reducir las brechas de género

3. Conseguir el ajuste simultáneo entre oferta y demanda de empleo

En particular, se tendrá que garantizar, a las personas pertenecientes a colectivos prioritarios para la política de empleo, la prestación de los servicios especializados para facilitar su inserción laboral o, en su caso, el mantenimiento del empleo y la promoción profesional.

Los servicios y programas de políticas activas de empleo se diseñarán y llevarán a cabo por la Agencia Española de Empleo y por los servicios de empleo de las Comunidades Autónomas en el ámbito de sus respectivas competencias y podrán ser gestionados directamente por los citados servicios públicos de empleo o mediante la colaboración público-privada o colaboración público-pública.

2.4.2. Formación en el Trabajo

Las finalidades de la formación en el trabajo consisten a favorecer y consolidar el derecho a la formación a lo largo de la vida de las personas trabajadoras ocupadas y paradas, fomentar la promoción profesional y promover las competencias profesionales adquiridas, todo esto desde la perspectiva de género. Así mismo, tienden a mejorar las competencias profesionales junto con los itinerarios de empleo y formación (digitales, de sostenibilidad, de cohesión social y territorial), y contribuir a la mejora de la productividad y competitividad de las empresas. Otras finalidades son la mejora de la empleabilidad, favorecer la transición hacia el empleo de calidad y la movilidad laboral e impulsar la formación programada por las empresas junto con el personal trabajador.

2.4.3. Empleabilidad

La empleabilidad es el grado de adaptabilidad que demuestra una persona en la consecución y mantenimiento de un empleo, así como en la actualización de sus competencias profesionales.

2.4.4. Intermediación laboral

La intermediación laboral es el conjunto de acciones destinadas a proporcionar a las personas trabajadoras un empleo adecuado a sus características y facilitar a las entidades empleadoras las personas trabajadoras más apropiadas a sus requerimientos y necesidades. La intermediación laboral puede comprender las siguientes actuaciones:

a) La prospección y captación de ofertas de trabajo.

b) La puesta en contacto de ofertas de trabajo con personas que buscan un empleo, para su colocación o recolocación.

c) La selección para un puesto de trabajo de personas que pueden ser idóneas para este.

d) La puesta a disposición de apoyos necesarios a quienes solicitantes empleo, especialmente si se trata de colectivos prioritarios.

Agentes de la Intermediación

A efectos del Sistema Nacional de Empleo, la intermediación en el mercado de trabajo se realizará únicamente a través de:

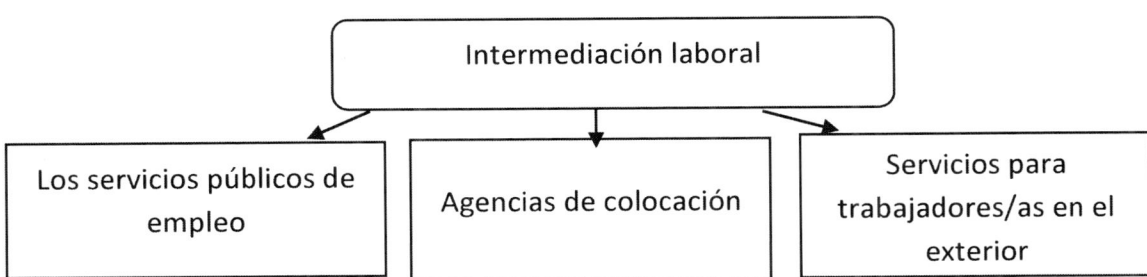

Son agencias de colocación aquellas entidades, públicas o privadas, con o sin ánimo de lucro, que realizan actividades de intermediación laboral en coordinación con los servicios públicos de empleo o como entidades colaboradoras de estos.

Así mismo, las entidades colaboradoras o promotoras de programas de políticas activas de empleo aprobados por los servicios públicos de empleo, podrán realizar de manera complementaria actuaciones de intermediación sin requerirán constituirse como agencias de colocación.

La intermediación laboral tiene la consideración de servicio de carácter público, con independencia del agente que la realizo. Sin embargo, se fortalecerán los medios públicos del Sistema Nacional de Empleo para facilitar la intermediación laboral.

2.5. Colectivos prioritarios

Son colectivos prioritarios para la política de empleo los colectivos vulnerables de atención prioritaria, que se concretan en:

1. Personas jóvenes especialmente con baja calificación

2. Personas en desempleo de larga duración

3. Personas con discapacitado /diversidad funcional

4. Personas con capacidad intelectual límite

5. Personas con trastornos del espectro autista

6. Personas LGTBI, en particular trans

7. Personas mayores de cuarenta y cinco años

8. Personas migrantes

9. Personas beneficiarias de protección internacional y solicitantes de protección internacional

10. Personas víctimas de tráfico de seres humanos

11. Mujeres con baja calificación

12. Mujeres víctimas de violencia de género

13. Personas en situación de exclusión social

14. Personas gitanas, o pertenecientes a otros grupos poblacionales étnicos o religiosos

15. Personas trabajadoras provenientes de sectores en reestructuración

16. Personas afectadas por drogodependencias y otras adicciones

17. Personas víctimas del terrorismo

18. Personas la guarda y la tutela de las cuales sea o haya sido asumida por las Administraciones públicas

19. Personas descendentes en primer grado de las mujeres víctimas de violencia de género

20. Personas adultas con menores de dieciséis años o mayores dependientes a cargo, especialmente si constituyen familias monomarentales y monoparentales

3. PRESTACIONES Y MEDIDAS

3.1. Servicios del Sistema Nacional de Empleo prestados por los servicios públicos de empleo

Los servicios públicos de empleo prestan servicios a las personas desempleadas, a las personas ocupadas y a las empresas, independientemente de su forma jurídica. La Cartera Común de Servicios del Sistema Nacional de Empleo recoge los servicios cuya prestación debe ser garantizada en todo el territorio nacional y por todos los servicios públicos de empleo. Cada servicio público de empleo puede establecer su propia Cartera de servicios, que incluirá, además de la Cartera Común de Servicios del Sistema Nacional de Empleo, aquellos otros servicios complementarios que el servicio público de empleo determine en el ámbito de sus competencias.

3.1.1. Cartera Común de Servicios del Sistema Nacional de Empleo
La Cartera Común de Servicios del Sistema Nacional de Empleo se prestan por todos los servicios públicos de empleo o a través de aquellas entidades colaboradoras (públicas o privadas).

Los servicios incluidos en la cartera común del Sistema Nacional de Empleo se agruparán en:

a) Servicios de orientación para el empleo personalizado, integral e inclusiva.

b) Servicios de intermediación, colocación y asesoramiento a empresas.

c) Servicios de formación en el trabajo.

d) Servicios de asesoramiento para el autoempleo, el emprendimiento viable y la dinamización del desarrollo económico local.

Catálogo de servicios garantizados a personas demandantes de servicios de empleo

a) Elaboración de un perfil individualizado de usuario que facilito el diseño de un itinerario personalizado formativo o de busca activa de empleo o emprendimiento adecuado.

b) Tutorización individual y al asesoramiento continuado y atención personalizada, presencial y no presencial, durante las transiciones laborales, bien entre la educación y el empleo o entre situaciones de empleo y desempleo.

c) Un itinerario o plan personalizado adecuado a su perfil que exigirá la formalización de un acuerdo de actividad subscrito entre el servicio público de empleo y la persona usuaria. Se indicarán las actuaciones de busca activa de empleo que, conforme a su perfil y sus necesidades de conciliación, la persona usuaria quedará obligada a realizar (compromiso de actividad).

d) Formación en el trabajo.

e) Asesoramiento para el autoempleo y el emprendimiento, especialmente para mujeres.

f) Intermediación laboral.

g) Acceso a trabajos en cualquier territorio del Estado en iguales condiciones.

h) Busca de protección social para el mantenimiento de un nivel de vida digno durante el proceso de busca de empleo.

3.1.2. Servicios y Programas del Servicio Público de Empleo autonómico de la Comunitat Valenciana: LABORA

En el caso de la Comunitat Valenciana, el Servicio Público de Empleo y Formación LABORA promueve programas y medidas de las políticas activas de empleo, desde la orientación e inserción laboral, la formación y el fomento del empleo.

<u>Orientación laboral</u>

La orientación laboral de la Administración Autonómica valenciana, se ponen en marcha programas con el fin de mejorar la empleabilidad, ofreciendo la posibilidad de participar en un itinerario personalizado de inserción en el que, teniendo en cuenta las circunstancias personales y profesionales, orientando a definir los objetivos profesionales, facilitando información sobre el mercado de trabajo, asesorando a mejorar las cartas de presentación y redacción de curriculum vitae o a afrontar con éxito una entrevista de trabajo, incluyendo el uso de las nuevas tecnologías en la búsqueda de empleo. A nivel grupal organiza sesiones grupales en los servicios EspaiLABORA.

Formación

Dentro de las iniciativas públicas de empleo-formación para la activación de empleo, los programas experienciales de empleo y formación son proyectos de carácter temporal dirigidos a mejorar las posibilidades de inserción de las personas desempleadas que participen en ellos a través de su cualificación en alternancia con la práctica profesional. En el territorio valenciano son los siguientes:

Escuelas Taller:

Se configuran como programas experienciales de empleo y formación específicos para personas desempleadas mayores de 16 y menores de 30 años. Los proyectos de las Escuelas Taller tendrán una duración mínima de 12 meses y una duración máxima de 24 meses. La primera fase inicial de 3 meses será de carácter exclusivamente formativo adecuada al oficio o puesto de trabajo a desempeñar en las siguientes fases en las que el alumnado trabajador será contratado bajo la modalidad del contrato de formación en alternancia en la que recibirá formación en alternancia con el trabajo. También recibirá una beca en la primera fase formativa.

Talleres de Empleo:

Se configuran como programas experienciales de empleo y formación de carácter general, siendo cada una de las convocatorias las que establecerán, en su caso, el perfil específico de las personas destinatarias a las que se dirige el programa. Los proyectos tendrán una duración de doce meses, divididos, en fases de 3 meses o 6 meses, a efectos de programación y evaluación. Las personas participantes serán contratadas desde el inicio por las entidades beneficiarias utilizando exclusivamente el contrato de formación en alternancia Proporcionan formación en alternancia con el trabajo o la práctica profesional que estará dirigida al aprendizaje, la cualificación y adquisición de experiencia profesional, a cuyos efectos se dedicará a formación teórica un mínimo del 35%.

Programa Acción Inserta:

Se configura como un programa propio de la Comunitat Valenciana susceptible de cofinanciación por la Unión Europea a través de los Programas Regionales del Fondo Social Europeo dentro de cada período de programación, en la actualidad dentro del Programa Comunitat Valenciana Fondo Social Europeo Plus 2021-2027 (FSE+). Se trata de un programa público mixto empleo-formación específico para personas desempleadas con mayores dificultades de inserción, o en situación de vulnerabilidad, pertenecientes a los siguientes colectivos:

– Personas en desempleo de larga duración

– Personas con discapacidad con un grado de discapacidad reconocido igual o superior al 33 por ciento.

– Personas trans.

– Personas mayores de cuarenta y cinco años.

– Personas víctimas de trata de seres humanos.

– Mujeres con baja cualificación.

– Mujeres víctimas de violencia de género.

– Personas descendientes en primer grado de las mujeres víctimas de violencia de género

– Personas en situación de exclusión social.

– Personas afectadas por drogodependencias y otras adicciones.

– Personas víctimas del terrorismo.

– Las personas titulares y beneficiarias de la renta valenciana de inclusión.

– Personas que encabezan familias monoparentales o monomarentales.

– Personas entre 16 y 18 años en situación de guarda o tutela por la Generalitat.

– Personas entre 18 y 24 años que hayan sido sujetos al sistema de protección de la infancia y de la adolescencia o de atención socioeducativa de personas menores de edad en conflicto con la ley, en algún periodo de los tres años anteriores a la mayoría de edad.

– Personas participantes en los programas de preparación para la vida independiente del sistema de protección a la infancia y adolescencia.

En la preselección de las personas participantes colaborarán los Servicios Sociales de las entidades locales con la finalidad de que la selección definitiva del alumnado se concrete en personas pertenecientes a los citados colectivos. Las convocatorias podrán establecer la forma de acreditación de la pertenencia a cada uno de los colectivos de las personas participantes.

Los proyectos se estructuran en dos etapas (6 meses y 12 meses, respectivamente). El alumnado participante será contratado, en las dos etapas, desde el inicio por las entidades beneficiarias utilizando exclusivamente el contrato de formación en alternancia, en las que recibirá formación en alternancia con el trabajo y la práctica profesional. Las entidades que concurran podrán hacerlo a las dos etapas o solo a una de ellas, a tal efecto se publicarán las correspondientes convocatorias para cada etapa. La duración de ambas etapas en su conjunto no será superior 18 meses.

Programa Talento Joven Garantía Juvenil:

Se configura como un programa propio de la Comunitat Valenciana, susceptible de cofinanciación por la Unión Europea a través los Programas Regionales del Fondo Social Europeo dentro de cada período de programación, en la actualidad dentro del Programa Comunitat Valenciana Fondo Social Europeo Plus 2021-2027 (FSE+), en el marco del Plan Garantía Juvenil Plus, se trata de un programa público mixto de empleo-formación específico para personas inscritas beneficiarias del Sistema Nacional de Garantía Juvenil.

Las personas destinatarias de este programa serán jóvenes mayores de 16 años y menores de 30 que deberán estar inscritas y figurar como beneficiarias activas en el fichero del Sistema Nacional de Garantía Juvenil, que constituye el sistema oficial de información y seguimiento sobre la implementación de la Garantía Juvenil en España, y como tal, la lista única de demanda y el soporte para la inscripción de las personas interesadas en las acciones ejecutadas en el contexto de la Garantía Juvenil.

Los proyectos tendrán una duración de doce meses. En los proyectos las personas participantes serán contratadas desde el inicio por las entidades beneficiarias utilizando exclusivamente el contrato de formación en alternancia y recibirán desde el inicio formación en alternancia con el trabajo o la práctica profesional que estará dirigida al aprendizaje, la cualificación y adquisición de experiencia profesional, a cuyos efectos se dedicará a formación teórica un mínimo del 35 %.

Fomento del empleo,

Por lo que respecta a programes de fomento del empleo, se destacan las subvenciones de la Administración autonómica destinadas a favorecer la creación y consolidación del empleo contratando colectivos vulnerables, personas con diversidad funcional y jóvenes en el ámbito de la Comunitat Valenciana y, por otra parte, también fomentando el emprendimiento y las microempresas.

3.2. Medidas de protección económica frente al desempleo

Las prestaciones por desempleo se clasifican en:

a) Nivel contributivo: es una prestación económica sustitutiva de los salarios que se abonan en función del tiempo y cuantía de la cotización. Se trata de un seguro de desempleo.

b) Nivel asistencial o no contributivo: subsidio de desempleo que se abona a las personas desempleadas y que se encuentren en determinadas circunstancias.

3.2.1. Prestación Contributiva por desempleo: Seguro por desempleo

Es una prestación económica mensual gestionada y abonada por la Agencia Española de Empleo, que se percibe tras la pérdida involuntaria de un empleo, en función de las cotizaciones realizadas al sistema de Seguridad Social. Incluye la cotización a la Seguridad Social por jubilación, incapacidad temporal, invalidez, muerte y supervivencia, protección a la familia y asistencia sanitaria.

3.2.2. El Subsidio por Desempleo

Se trata de una prestación económica asistencial a la cual podrán acceder las personas que se encuentran en alguna de las siguientes situaciones:

1. Haber agotado la prestación por desempleo. En caso personas menores de 45 años sin responsabilidades familiares, se exigirá además que la prestación por desempleo agotada haya tenido una duración igual o superior a 365 días).

2. Encontrarse en situación legal de desempleo sin tener cubierto el periodo mínimo de cotización para tener derecho a la prestación contributiva (siempre que se haya cotizado al menos 90 días).

Además, en la fecha de solicitud se exigirá no tener derecho a prestación contributiva por desempleo, no encontrarse en supuesto de incompatibilidad y carecer de rentas propias, o bien, alternativamente, acreditar responsabilidades familiares. También se exigirá la inscripción como demandante de empleo, así como la suscripción del *acuerdo de actividad*.

La duración del subsidio por agotamiento de la prestación contributiva por desempleo está en función de la edad, de la fecha de agotamiento de la prestación por desempleo, de la acreditación de las responsabilidades familiares y de la duración de la prestación por desempleo agotada. En la siguiente tabla se detallan los periodos de duración:

Cuadro nº10. Duración del subsidio per desempleo (por agotamiento prestación contributiva)

Acreditación Responsabildades familiares	Edad en la fecha de agotamiento de la prestación	Duración de la prestación agotada	Duración màxima del subsidio
Indiferente	-45	+=360 dias	6 meses
	+ 45	+=120 dias	
Sí	Indiferente	=120 dias	24 meses
		+=180 dias	30 meses

Fuente: Real decreto ley 2/2024, de 21 de mayo, por el cual se adoptan medidas urgentes para la simplificación y mejora del nivel asistencial de la protección por desempleo, y para completar la transposición de la Directiva (UE) 2019/1158 del Parlamento Europeo y del Consejo, de 20 de junio de 2019, relativa a la conciliación de la vida familiar y la vida profesional de los progenitores y los cuidadores, y por la cual se deroga la Directiva 2010/18/UE del Consejo.

La cuantía del subsidio por desempleo por agotamiento de la prestación contributiva se ha fijado en los siguientes tramos:

Cuadro nº 11. Cuantía del subsidio por desempleo (por agotamiento prestación contributiva)

Tramos en días	Porcentaje del Indicador Público de Rentas de Efectos Múltiples
Los primeros 180 días	95% del IPREM
Del día 181 a 360	90% del IPREM
A partir del día 361	80%'del PREM

Fuente: Real decreto ley 2/2024, de 21 de mayo, por el cual se adoptan medidas urgentes para la simplificación y mejora del nivel asistencial de la protección por desempleo, y para completar la transposición de la Directiva (UE) 2019/1158 del Parlamento Europeo y del Consejo, de 20 de junio de 2019, relativa a la conciliación de la vida familiar y la vida profesional de los progenitores y los cuidadores, y por la cual se deroga la Directiva 2010/18/UE del Consejo.

El subsidio se reconoce por periodos trimestrales prorrogables hasta agotar la duración máxima.

Por su parte, la duración del subsidio por desempleo por no tener cubierto el período mínimo de cotización parar tener derecho a la prestación contributiva se muestra en el siguiente cuadro:

Cuadro nº12. Duración del subsidio por desempleo (por no tener cubierto el período mínimo de cotización)

Periodo mínimo de ocupación cotizada	Acreditación de Responsabilidades familiars	Duración máxima del subsidio
90 días	No	3 meses
120 días	No	4 meses
150 días	No	5 meses
180 días	No	6 meses
180 días	Sí	21 meses

Fuente: Real decreto ley 2/2024, de 21 de mayo, por el cual se adoptan medidas urgentes para la simplificación y mejora del nivel asistencial de la protección por desocupación, y para completar la transposición de la Directiva (UE) 2019/1158 del Parlamento Europeo y del Consejo, de 20 de junio de 2019, relativa a la conciliación de la vida familiar y la vida profesional de los progenitores y los cuidadores, y por la cual se deroga la Directiva 2010/18/UE del Consejo.

La cuantía del del subsidio por desempleo por no tener cubierto el período mínimo de cotización para tener derecho a la prestación contributiva se muestra en el siguiente cuadro:

Cuadro nº 13. Cuantía del subsidio por desempleo (por no tener cubierto el período mínimo de cotización)

los 180 primeros días	95% IPREM
del 181 al día 360	90% IPREM
a partir del día 361	80% IPREM

Fuente: Real decreto ley 2/2024, de 21 de mayo, por el cual se adoptan medidas urgentes para la simplificación y mejora del nivel asistencial de la protección por desocupación, y para completar la transposición de la Directiva (UE) 2019/1158 del Parlamento Europeo y del Consejo, de 20 de junio de 2019, relativa a la conciliación de la vida familiar y la vida profesional de los progenitores y los cuidadores, y por la cual se deroga la Directiva 2010/18/UE del Consejo.

Los tipos de subsidio por desempleo son los siguientes en función de las situaciones protegidas por el subsidio de desempleo:

1. Subsidio por desempleo para mayores de 52 años

2. Subsidio por desempleo para personas emigrantes retornadas

3. Subsidio por desempleo para personas víctimas de violencia de género o sexual

Es posible compatibilizar la prestación contributiva y los subsidios por desempleo con el trabajo por cuenta ajena a tiempo parcial y a tiempo completo en la modalidad de Complemento de Apoyo al Empleo (CAE).

3.2.3. Prestación de sostenibilidad y mantenimiento de la (RED)

Los/las quién trabajan en empresas afectadas por una coyuntura macroeconómica que requiera adoptar medidas adicionales, o que pertenezcan a sectores que requieran procesos de recalificación. Las medidas que se pueden autorizar la empresa son la suspensión temporal del contrato de trabajo o la reducción de la jornada de las personas trabajadoras.

Nombre y apellidos:
Realiza los siguientes ejercicios:

1. Quién realiza la gestión y el control de las prestaciones por desempleo?
a) Las agencias privadas de colocación.
b) Las entidades colaboradoras de los servicios públicos de empleo.
c) El SEPE / Agencia Española de Empleo.
d) Los servicios públicos de empleo autonómicos.

2. La duración del subsidio por desempleo por haver agotado la prestación contributiva de desempleo está en función de:
a) la edad
b) fecha de agotamiento de la prestación por desempleo y duración de ésta
c) acreditación de las responsabilidades familiares
d) todas son correctas

Nombre y apellidos:

Actividades

Nombre y apellidos:

Actividades

Nombre y apellidos:

Actividades

CAPITULO 6. SISTEMA DE SEGURIDAD SOCIAL

1. MARCO NORMATIVO Y ESTRUCTURAS INSTITUCIONALES

La norma de referencia del Sistema de Seguridad Social es el Real Decreto Legislativo 8/2015, de 30 de octubre, por el que se aprueba el texto refundido de la Ley General de la Seguridad Social. El Ministerio de Inclusión, Seguridad Social y Migraciones es el organismo institucional de referencia de la Administración General del Estado en materia de Seguridad Social. Las entidades gestoras que gestionan y administran la Seguridad Social desarrollan su actividad en régimen descentralizado, en los diferentes ámbitos territoriales.

2. ORGANIZACIÓN DEL SISTEMA DE SEGURIDAD SOCIAL

La gestión y administración de la Seguridad Social se efectúa, bajo la dirección y tutela de los respectivos departamentos ministeriales, con sujeción a los principios de simplificación, racionalización, economía de costes, solidaridad financiera y unidad de caja, eficacia social y descentralización, por las siguientes entidades gestoras:

a) El Instituto Nacional de la Seguridad Social (INSS), para la gestión y administración de las prestaciones económicas del sistema de la Seguridad Social, con excepción de las que se mencionan en el apartado c) siguiente.

b) El Instituto Nacional de Gestión Sanitaria (INGESA), para la administración y gestión de servicios sanitarios. Se le atribuye la gestión de las prestaciones sanitarias de la Seguridad Social en el ámbito de las ciudades autónomas de Ceuta y Melilla, ya que el resto de Comunidades Autónomas tienen transferidas dichas competencias.

c) El Instituto de Mayores y Servicios Sociales (IMSERSO), gestiona las pensiones no contributivas de invalidez y de jubilación, así como de los servicios complementarios de las prestaciones del sistema de la Seguridad Social. Tiene encomendada la gestión de los servicios sociales, complementarios del sistema de la Seguridad Social y los planes, programas y servicios de ámbito estatal para personas mayores y en situación de dependencia, sin perjuicio de la gestión transferida a las Comunidades Autónomas.

Cuadro nº 14. Entidades gestoras de la Seguridad Social

Entidades gestoras de la Seguridad Social
Instituto Nacional de la Seguridad Social (INSS)
Instituto Nacional de Gestión Sanitaria (INGESA)
Instituto de Mayores y Servicios Social (IMSERSO)

Elaboración propia. Fuente: Real Decreto Legislativo 8/2015, de 30 de octubre, por el que se aprueba el texto refundido de la Ley General de la Seguridad Social (Art. 66).

2.1. Estructura del sistema de la Seguridad Social

El sistema de la Seguridad Social viene integrado por los regímenes que se contemplan en el siguiente cuadro, de acuerdo con la Ley General de la Seguridad Social:

Cuadro nº15. Regímenes de la Seguridad Social

El Régimen General	
Los Regímenes Especiales	Trabajadores/as por cuenta propia o autónomos/as
	Trabajadores/as del mar
	Funcionariado público, civil y militar
	Estudiantes
	Los demás grupos que determine el Ministerio

Elaboración propia. Fuente: Real Decreto Legislativo 8/2015, de 30 de octubre, por el que se aprueba el texto refundido de la Ley General de la Seguridad Social. BOE núm. 261, de 31.10.2015.

2.2. Definición y modalidades del Sistema de Seguridad Social

El Estado, por medio de la Seguridad Social, garantiza, a las personas comprendidas en el campo de aplicación de ésta, por cumplir los requisitos exigidos en las modalidades contributiva o no contributiva, así como a los familiares o asimilados que tuvieran a su cargo, la protección adecuada frente a las contingencias y en las situaciones contempladas en la Ley General de la Seguridad Social. El sistema de la Seguridad Social, configurado por la acción protectora en sus modalidades contributiva y no contributiva, se fundamenta en los principios de universalidad, unidad, solidaridad e igualdad.

> Modalidad Contributiva: Mediante la modalidad contributiva de la Seguridad Social, el Estado garantiza a las personas comprendidas en el campo de aplicación de aquélla, por realizar una actividad profesional, y a los familiares o asimilados que tuvieran a su cargo, la protección adecuada en las contingencias y situaciones definidas legalmente. Para poder acceder a la protección en la modalidad contributiva, la persona trabajadora ha de estar afiliada al sistema de Seguridad Social, además cotizar al mismo, es decir, aportar obligatoriamente de manera mensual recursos económicos al sistema por el ejercicio de una actividad laboral.

> Modalidad No contributiva: La modalidad no contributiva de la Seguridad Social incluye a aquellas personas que no hubieran cotizado nunca o lo hubieran hecho en el periodo insuficiente para poder tener derecho a prestaciones de la Seguridad Social en su modalidad contributiva, y que no dispongan de recursos económicos suficientes.

2.3. Acceso al Sistema de Seguridad Social

Estarán comprendidas en el sistema de la Seguridad Social, a efectos de las prestaciones contributivas, cualquiera que sea su sexo, estado civil y profesión, las personas españolas que residan en España y las extranjeras que residan o se encuentren legalmente en España, siempre que, en ambos supuestos, ejerzan su actividad en territorio nacional y estén incluidas en alguno de los apartados siguientes:

a) Trabajadoras por cuenta ajena, bien sean eventuales, de temporada o fijos, aun de trabajo discontinuo, y quienes trabajadoras a distancia.

b) Trabajadoras por cuenta propia o autónomos, sean o no titulares de empresas individuales o familiares, mayores de dieciocho años.

c) Socias trabajadoras de cooperativas de trabajo asociado.

d) Estudiantes.

e) Funcionariado público, civil y militar.

Asimismo, estarán comprendidos en el campo de aplicación del sistema de la Seguridad Social, a efectos de las prestaciones no contributivas, todas las personas españolas residentes en territorio español.

La afiliación a la Seguridad Social es obligatoria para las personas comprendidas en la modalidad contributiva y única para toda su vida y para todo el sistema, sin perjuicio de las altas y bajas en los distintos regímenes que lo integran, así como de las demás variaciones que puedan producirse con posterioridad a la afiliación.

La cotización a la Seguridad Social es obligatoria en todos los regímenes del sistema en la modalidad contributiva. La cotización es la acción por la cual los sujetos obligados aportan recursos económicos al Sistema de la Seguridad Social en virtud de su inclusión en dicho Sistema, por el ejercicio de una actividad laboral y que nace con el comienzo de la misma.

Estarán sujetos a la obligación de cotizar al Régimen General de la Seguridad Social las personas trabajadoras y asimiladas comprendidas en su campo de aplicación y los/as empresarios/as por cuya cuenta trabajen. La cotización comprenderá dos aportaciones:

a) De empresario/a, y

b) De los trabajadores/as

3. MEDIDAS DE PROTECCIÓN Y PRESTACIONES

3.1. Acción protectora del sistema de la Seguridad Social

La acción protectora del sistema de la Seguridad Social comprende, siguiendo la Ley General de la Seguridad Social, los siguientes contenidos:

a) La asistencia sanitaria en los casos de maternidad, de enfermedad común o profesional y de accidente, sea o no de trabajo.

b) La recuperación profesional, cuya procedencia se aprecie en cualquiera de los casos que se mencionan en la letra anterior.

c) Las prestaciones económicas en las situaciones de:

1. Incapacidad temporal
2. Nacimiento y cuidado de menor
3. Riesgo durante el embarazo
4. Riesgo durante la lactancia natural
5. Ejercicio corresponsable del cuidado del lactante
6. Cuidado de menores afectados por cáncer u otra enfermedad grave
7. Incapacidad permanente contributiva e invalidez no contributiva
8. Jubilación, en sus modalidades contributiva y no contributiva
9. Desempleo, en sus niveles contributivo y asistencial
10. Protección por cese de actividad
11. Pensión de viudedad
12. Prestación temporal de viudedad
13. Pensión de orfandad
14. Prestación de orfandad
15. Pensión en favor de familiares
16. Subsidio en favor de familiares
17. Auxilio por defunción
18. Indemnización en caso de muerte por accidente de trabajo o enfermedad profesional
19. Ingreso mínimo vital
20. Así como las que se otorguen en las contingencias y situaciones especiales que reglamentariamente se determinen por real decreto, a propuesta del titular del ministerio competente.

d) Las prestaciones familiares de la Seguridad Social, en sus modalidades contributiva y no contributiva.

e) Las prestaciones de servicios sociales que puedan establecerse en materia de formación y rehabilitación de personas con diversidad funcional y de asistencia a las personas mayores, así como en aquellas otras materias en que se considere conveniente.

3.2. Ingreso Mínimo Vital

El ingreso mínimo vital (IMV) se configura como el derecho subjetivo a una prestación de naturaleza económica que garantiza un nivel mínimo de renta a quienes se encuentren en situación de vulnerabilidad económica. A través de este instrumento se persigue garantizar una mejora de oportunidades reales de inclusión social y laboral de las personas beneficiarias.

3.2.1. Características del Ingreso Mínimo Vital

a) Garantiza un nivel mínimo de renta mediante la cobertura de la diferencia existente entre la suma de los recursos económicos de cualquier naturaleza de que disponga la persona beneficiaria individual o, en su caso, los integrantes de una unidad de convivencia, y la cuantía de renta garantizada para cada supuesto.

b) Se articula en su acción protectora diferenciando según se dirija a un beneficiario individual o a una unidad de convivencia, en este caso, atendiendo a su estructura y características específicas.

c) Es una prestación cuya duración se prolongará mientras persista la situación de vulnerabilidad económica y se mantengan los requisitos que originaron el derecho a su percepción.

d) Se configura como una red de protección dirigida a permitir el tránsito desde una situación de exclusión a una de participación en la sociedad. Contendrá para ello en su diseño incentivos al empleo y a la inclusión, articulados a través de distintas fórmulas de cooperación entre administraciones.

e) Es intransferible. No podrá ofrecerse en garantía de obligaciones, ni ser objeto de cesión total o parcial, compensación o descuento, retención o embargo (excepto en determinados supuestos).

3.2.2. Personas beneficiarias

Las personas beneficiarias del ingreso mínimo vital podrán ser las siguientes, siempre y cuando cumplan los requisitos de acceso y las obligaciones para el mantenimiento del derecho:

a) Las personas integrantes de una unidad de convivencia en los términos establecidos en esta ley.

b) Las personas de al menos veintitrés años que no se integren en una unidad de convivencia en los términos establecidos en esta ley, siempre que no estén unidas a otra por vínculo matrimonial o como pareja de hecho, salvo las que hayan iniciado los trámites de separación o divorcio o las que se encuentren en otras circunstancias que puedan determinarse reglamentariamente.

No se exigirá el cumplimiento del requisito de edad ni el de haber iniciado los trámites de separación o divorcio en los supuestos de mujeres víctimas de violencia de género o de trata de seres humanos y explotación sexual.

Tampoco se exigirá el cumplimiento de este requisito a las personas de entre 18 y 22 años en los siguientes supuestos:

a) Que provengan de centros residenciales de protección de menores de las diferentes Comunidades Autónomas habiendo estado bajo la tutela de Entidades Públicas de protección de menores dentro de los tres años anteriores a la mayoría de edad, o sean huérfanos absolutos, siempre que vivan solos sin integrarse en una unidad de convivencia.

b) Que provengan de un centro penitenciario por haber sido liberados de prisión, siempre que la privación de libertad haya sido por tiempo superior a seis meses.

Podrán ser personas beneficiarías las personas que temporalmente sean usuarias de una prestación de servicio residencial de carácter social, sanitario o sociosanitario.

3.2.3. Titulares del ingreso mínimo vital

Son titulares de esta prestación las personas con capacidad jurídica que la soliciten y la perciban, en nombre propio o en nombre de una unidad de convivencia. En este último caso, la persona titular asumirá la representación de la citada unidad.

Las personas titulares, cuando estén integradas en una unidad de convivencia, deberán tener una edad mínima de 23 años, o ser mayores de edad o menores emancipados en caso de tener hijos o menores en régimen de guarda con fines de adopción o acogimiento familiar permanente o huérfanos absolutos cuando sean los únicos miembros de la unidad de convivencia y ninguno de ellos alcance la edad de 23 años.

En caso de no integrarse en una unidad de convivencia, la edad mínima de la persona titular será de 23 años, salvo en los supuestos de mujeres víctimas de violencia de género, víctimas de trata de seres humanos y explotación sexual en los que se exigirá que la persona titular sea mayor de edad o menor emancipada, o el de personas que hayan estado bajo la tutela de Entidades Públicas de protección de menores dentro de los tres años anteriores a la mayoría de edad o que provengan de centros penitenciarios por haber sido liberados de prisión, siempre que la privación de libertad haya sido por tiempo superior a seis meses, en los que se exigirá que la persona titular sea mayor de edad.

3.2.4. Requisitos de acceso

Todas las personas beneficiarias, estén o no integradas en una unidad de convivencia, deberán cumplir como norma general, los siguientes requisitos:

a) Tener residencia legal y efectiva en España y haberla tenido de forma continuada e ininterrumpida durante al menos el año inmediatamente anterior a la fecha de presentación de la solicitud.

b) Encontrarse en situación de vulnerabilidad económica por carecer de rentas, ingresos o patrimonio suficientes.

<u>Situación de vulnerabilidad económica</u>

Para la determinación de la situación de vulnerabilidad económica se tomará en consideración la capacidad económica de la persona solicitante beneficiaria individual o, en su caso, de la unidad de convivencia en su conjunto, computándose los recursos de todos sus miembros.

Con el fin de que la percepción del ingreso mínimo vital no desincentive la participación en el mercado laboral, la percepción del ingreso mínimo vital será compatible con las rentas del trabajo o la actividad económica por cuenta propia de la persona beneficiaria individual o, en su caso, de uno o varios miembros de la unidad de convivencia en los términos y con los límites que reglamentariamente se establezcan.

El ingreso mínimo vital consistirá en una prestación económica que se fijará y se hará efectiva mensualmente.

3.2.5. Cuantía del ingreso mínimo vital

La cuantía mensual de la prestación de ingreso mínimo vital que corresponde a la persona beneficiaria individual o a la unidad de convivencia vendrá determinada por la diferencia entre la cuantía de la renta garantizada, según lo establecido en la tabla siguiente, y el conjunto de todas las rentas e ingresos de la persona beneficiaria o de los miembros que componen esa unidad de convivencia del ejercicio anterior, siempre que la cuantía resultante sea igual o superior a 10 euros mensuales. La prestación económica se hace efectiva mensualmente.

A los efectos señalados, el siguiente cuadro recoge la renta garantizada del ingreso mínimo vital:

Cuadro nº16: Cuantías: Renta garantizada del Ingreso Mínimo Vital

Cuantías: renta garantizada del Ingreso Mínimo Vital
a) En el caso de una persona beneficiaria individual, la cuantía mensual de renta garantizada ascenderá al 100 por ciento del importe anual de las pensiones no contributivas fijada anualmente en la ley de presupuestos generales del estado, dividido por doce. A esta cantidad se añadiera un complemento equivalente a un 22 por ciento en el supuesto de que la persona beneficiaria individual tenga un grado de diversidad funcional/discapacidad igual o superior al 65 por ciento.
b) En el caso de una unidad de convivencia la cuantía mensual de la letra a) se incrementará en un 30 por ciento por miembro adicional a partir del segundo hasta un máximo del 220 por ciento.
c) A la cuantía mensual establecida en la letra b) se sumará un complemento de monoparentalidad equivalente a un 22 por ciento de la cuantía establecida en la letra a) en el supuesto de que la unidad de convivencia sea monoparental o familia en alguna de las situaciones de monoparentalidad.
d) A la cuantía mensual establecida en la letra b) se sumará un complemento equivalente a un 22 por ciento de la cuantía establecida en la letra a) en el supuesto de que en la unidad de convivencia esté incluida alguna persona con un grado de discapacidad/diversidad funcional reconocida igual o superior al sesenta y cinco por ciento.
e) La cuantía del complemento de ayuda para la infancia. Será una cantidad mensual por cada menor de edad miembro de la unidad de convivencia, en función de la edad de cada menor.

Elaboración propia. Fuente: Ley 19/2021, de 20 de diciembre, por la cual se establece el ingreso mínimo vital. BOE núm. 304, de 21.12.2021.

El derecho a percibir la prestación económica del ingreso mínimo vital se mantendrá mientras subsistan los motivos que dieron lugar a su concesión y se cumplan los requisitos y obligaciones.

Nombre y apellidos:
Realiza los siguientes ejercicios:
1. La acción protectora del sistema de la Seguridad Social comprende: SEÑALA LA INCORRECTA: a) La asistencia sanitaria en los casos de maternidad, de enfermedad común o profesional y de accidente, sea o no de trabajo.   b) La recuperación profesional, cuya procedencia se aprecie en cualquiera de los casos que se mencionan en la letra anterior.   c) Las prestaciones económicas en determinadas situaciones.   d) Las prestaciones familiares únicamente para la modalidad no contributiva.   2. El ingreso mínimo vital garantiza un nivel mínimo de renta mediante la cobertura de la diferencia existente (SEÑALA LA INCORRECTA)   a) entre los recursos económicos de cualquier naturaleza de que disponga la persona beneficiaria individual y la cuantía de renta garantizada para cada supuesto.   b) entre los recursos económicos de cualquier naturaleza de que dispongan los integrantes de una unidad de convivencia, y la cuantía de renta garantizada para cada supuesto.   c) entre la suma de los recursos económicos de cualquier naturaleza de que disponga la persona beneficiaria individual o, en su caso, los integrantes de una unidad de convivencia, y la cuantía de renta garantizada para cada supuesto.   d) entre las prestaciones de que disponga la persona beneficiaria individual o, en su caso, los integrantes de una unidad de convivencia, y la cuantía de renta garantizada para cada supuesto.

Nombre y apellidos:
Actividades

Nombre y apellidos:

Actividades

CAPITULO 7. SISTEMA DE JUSTICIA

1. MARCO NORMATIVO Y ESTRUCTURAS INSTITUCIONALES

La Ley de Asistencia Jurídica Gratuita, Ley 1/1996, de 10 de enero, constituye la norma de referencia de acceso al sistema de Justicia en España. El Ministerio de Justicia es el organismo institucional de referencia de la Administración General del Estado en materia de justicia. La Conselleria de Justicia y Administración Pública es el organismo con competencias en materia de justicia en el ámbito de la Administración autonómica de la Comunitat Valenciana.

2. ORGANIZACIÓN DEL SISTEMA DE JUSTICIA

2.1. Organización judicial

En la organización judicial española, la jurisdicción ordinaria se divide en cuatro órdenes jurisdiccionales:

- Civil: examina los litigios cuyo conocimiento no venga expresamente atribuido a otro orden jurisdiccional. Por ello puede ser catalogado como ordinario o común.

- Penal: Corresponde al orden penal el conocimiento de las causas y juicios criminales. Es característica del Derecho español que la acción civil derivada de ilícito penal pueda ser ejercitada conjuntamente con la penal. En tal caso, el tribunal penal decidirá la indemnización correspondiente para reparar los daños y perjuicios ocasionados por el delito.

- Contencioso-Administrativo: trata del control de la legalidad de la actuación de las administraciones públicas y las reclamaciones de responsabilidad patrimonial que se dirijan contra las mismas.

- Social: es el que conoce de las pretensiones que se ejerciten en la rama social del Derecho, tanto en conflictos individuales entre trabajador/a y empresario/a con ocasión del contrato de trabajo, como en materia de negociación colectiva, así como las reclamaciones en materia de Seguridad Social o contra el Estado cuando le atribuya responsabilidad la legislación laboral.

  En algunos de los juzgados de los órdenes jurisdiccionales existen equipos técnicos de carácter psicosocial que prestan apoyo desde el ámbito de sus correspondientes disciplinas.

2.2. Instituto de Medicina Legal y Ciencias Forenses

El Instituto de Medicina Legal de València (IMLCCFF) es un órgano técnico adscrito a la Consellería de Justicia e Interior que ejerce tareas de asistencia técnica en los juzgados y tribunales de la Comunitat valenciana en materias de su competencia mediante la práctica de pruebas periciales médicas, clínicas y de laboratorio. Sus funciones técnicas se reflejan en los informes que emite y que tienen carácter independiente. Dependientes del IMLICCFF se encuentran los Equipos Psicosociales formados por profesionales de la psicología y del trabajo social que realizan dictámenes en sus respectivas disciplinas.

2.3. Derecho a la Asistencia Jurídica Gratuita

La Ley de Asistencia Jurídica Gratuita (LAJG) tiene por objeto determinar el contenido y alcance del derecho a la asistencia jurídica gratuita al que se refiere el artículo 119 de la Constitución y regular el procedimiento para su reconocimiento y efectividad. Este derecho permite a las personas que acreditan insuficiencia de recursos para litigar, proveerse de profesionales necesarios para acceder a la tutela judicial efectiva.

Las personas físicas que tienen derecho a la asistencia jurídica gratuita son, entre otras, las siguientes:

1) Los ciudadanos españoles, los nacionales de los otros Estados miembros de la Unión Europea y los extranjeros que se encuentran en España, cuando acreditan insuficiencia de recursos para litigar.

2) En la orden jurisdiccional social, además, los trabajadores y beneficiarios del sistema de Seguridad Social, tanto para la defensa en juicio como para el ejercicio de acciones para la efectividad de los derechos laborales en los procedimientos concursales.

Así mismo, el derecho a la asistencia jurídica gratuita se reconoce a los trabajadores y beneficiarios de la Seguridad Social para los litigios que sobre esta materia se sustancian ante la orden contencioso–administrativo.

3) En la orden contencioso–administrativo, así como en la vía administrativa previa, los ciudadanos extranjeros que acreditan insuficiencia de recursos para litigar tendrán derecho a la asistencia letrada y a la defensa y representación gratuita en los procedimientos que puedan llevar a la denegación de su entrada en España, a su devolución o expulsión del territorio español, y en todos los procedimientos en materia de asilo.

4) Con independencia de la existencia de recursos para litigar, se reconoce el derecho de asistencia jurídica gratuita, que se los prestará inmediatamente, a las víctimas de violencia de género, de terrorismo y de tráfico de seres humanos en aquellos procesos que tengan vinculación, derivan o sean consecuencia de su condición de víctimas, así como a las personas con discapacidad necesitadas de especial protección cuando sean víctimas de delitos de homicidio, de lesiones de los artículos 149 y 150, en el delito de maltrato habitual previsto en el artículo 173.2, en los delitos contra la libertad, en los delitos contra la libertad sexual y en los delitos de tráfico de seres humanos. También se reconoce este derecho, con independencia de la existencia de recursos para litigar, a

las mujeres y personas menores de edad que sean víctimas de los delitos contra la libertad sexual previstos en el título VIII del libro II del Código Penal, los delitos de mutilación genital femenina, matrimonio forzado y acoso con connotación sexual.

Este derecho asistirá también a los causahabientes en caso de defunción de la víctima, siempre que no fueran partícipes en los hechos.

5) Con independencia de la existencia de recursos para litigar, se reconoce el derecho de asistencia jurídica gratuita a quienes a causa de un accidente acreditan secuelas permanentes que les impidan totalmente la realización de las tareas de su ocupación laboral o profesional habitual y requieran la ayuda otras personas para realizar las actividades más esenciales de la vida diaria, cuando el objeto del litigio sea la reclamación de indemnización por los daños personales y morales sufridos.

2.3.1. Requisitos básicos para ser beneficiario del derecho a la asistencia jurídica gratuita

Se reconoce el derecho de asistencia jurídica gratuita a aquellas personas físicas que careciendo de patrimonio suficiente cuenten con unos recursos e ingresos económicos brutos, computados anualmente por todos los conceptos y por unidad familiar, que, como norma general, no superen los siguientes umbrales:

a) Dos veces el IPREM (Indicador Público de Renta de Efectos Múltiples) vigente en el momento de efectuar la solicitud cuando se trate de personas no integradas en ninguna unidad familiar.

b) Dos veces y media el IPREM vigente en el momento de efectuar la solicitud cuando se trate de personas integradas en alguna de las modalidades de unidad familiar con menos de cuatro miembros.

c) El triple del IPREM cuando se trate de unidades familiares integradas por cuatro o más miembros o que tengan reconocida su condición de familia numerosa de acuerdo con la normativa vigente.

2.3.2. Prestaciones de la Asistencia Jurídica Gratuita

El contenido material del derecho a la asistencia jurídica gratuita comprende las siguientes prestaciones:

1. Asesoramiento y orientación gratuitos previos al proceso a quienes pretendan reclamar la tutela judicial de sus derechos e intereses, así como información sobre la posibilidad de recurrir a la mediación u otros medios extrajudiciales de solución de conflictos, en los casos no prohibidos expresamente por la ley, cuando tengan por objeto evitar el conflicto procesal o analizar la viabilidad de la pretensión.

2. Asistencia de abogado/a al detenido/a, preso/a o investigado/a que no lo hubiera designado, para cualquier diligencia policial que no sea consecuencia de un procedimiento penal en curso o en su primera comparecencia ante un órgano

jurisdiccional, o cuando ésta se lleve a cabo por medio de auxilio judicial y el/a detenido/a, preso/a o investigado/a no hubiere designado abogado/a en el lugar donde se preste. Igualmente será de aplicación dicha asistencia letrada a la persona reclamada y detenida como consecuencia de una orden de detención europea que no hubiere designado abogado/a. No será necesario que el detenido/a, preso/a o investigado/a acredite previamente carecer de recursos, sin perjuicio de que, si no se le reconoce con posterioridad el derecho a la asistencia jurídica gratuita, deba abonar al abogado/a los honorarios devengados por su intervención.

3. Defensa y representación gratuitas por abogado/a y procurador/a en el procedimiento judicial, cuando la intervención de estos profesionales sea legalmente preceptiva o, cuando no siéndolo, sea expresamente requerida por el Juzgado o Tribunal mediante auto motivado para garantizar la igualdad de las partes en el proceso, o ante delitos leves, la persona frente a la que se dirige el proceso penal haya ejercitado su derecho a estar asistido de abogado y así se acuerde por el juzgado o tribunal, en atención a la entidad de la infracción de que se trate y las circunstancias personales del solicitante de asistencia jurídica.

4. Inserción gratuita de anuncios o edictos, en el curso del proceso, que preceptivamente deban publicarse en periódicos oficiales.

5. Exención del pago de tasas judiciales, así como del pago de depósitos necesarios para la interposición de recursos.

6. Asistencia pericial gratuita en el proceso a cargo del personal técnico adscrito a los órganos jurisdiccionales, o, en su defecto, a cargo de funcionarios/as, organismos o servicios técnicos dependientes de las Administraciones públicas. El/a Juez/a o Tribunal podrá acordar en resolución motivada que la asistencia pericial especializada gratuita se lleve a cabo por profesionales técnicos privados en determinadas situaciones. Cuando deba prestarse a menores y personas con discapacidad/diversidad funcional psíquica que sean víctimas de abuso o maltrato, atendidas las circunstancias del caso y el interés superior del menor o de la persona con discapacidad/diversidad funcional, pudiendo prestarse de forma inmediata.

7. Obtención gratuita de copias, testimonios, instrumentos y actas notariales, en general.

8. Reducción del 80% de los derechos arancelarios en otros casos.

9. Reducción del 80% de los derechos arancelarios que correspondan por la obtención de notas, certificaciones, anotaciones, asientos e inscripciones en los Registros de la Propiedad y Mercantil.

10. Los derechos arancelarios a que se refieren los apartados 8 y 9 no se percibirán cuando el interesado acredite ingresos por debajo del indicador público de renta de efectos múltiples.

11. L'assistència gratuïta de professional de l'advocacia en qualsevol dels mitjans adequats de solució de controvèrsies permesos per la llei que tinga per objecte donar compliment al requisit de procedibilitat disposat en l'article 5 de la Llei orgànica de mesures en matèria d'eficiència del Servei Públic de Justícia, quan en l'eventual procés judicial la intervenció d'aquest professional siga legalment preceptiva o quan, no sent-ho, la part contrària actue amb ell.

2.4. Mediación judicial

La mediación judicial es un método complementario a la vía judicial de gestión pacífica de conflictos basado en la no confrontación, sino en la colaboración voluntaria, entre las personas que son parte de un conflicto y que se implican en la superación positiva del mismo con la ayuda de un tercero imparcial que los ayuda a comunicarse, a dialogar y a tomar decisiones de forma consensuada sobre los temas en discrepancia. El acuerdo constituye un contrato privado entre las partes y, por tanto, es de obligado cumplimiento. La mediación constituye un servicio gratuito para aquellas personas que carecen de recursos económicos y que tienen concedido el derecho a asistencia jurídica gratuita.

MEDIAPROP: es el servicio de mediación como alternativa al procedimiento judicial que subvenciona la Generalitat Valenciana en los ayuntamientos de la Comunidad Valenciana con población superior a 7.000 habitantes y con juzgados de paz asistidos por personal funcionario de los cuerpos al servicio de la Administración de Justicia, los municipios cabecera de partido judicial, así como a algunas mancomunidades. Además, existen los Servicios de Orientación y Mediación (SOMOS) de la GV, en las Sedes Judiciales de Alicante, Elche, Castelló y València que proporcionan información y orientación relacionada con la mediación.

3. SERVICIOS Y MEDIDAS

3.1. Servicios de Orientación Jurídica

El Servicio de Orientación Jurídica y el Servicio de Orientación Jurídica de Proximidad, son servicios especializados de orientación, asesoramiento e información jurídica, de carácter gratuito, prestados por profesionales de la abogacía mediante los cuales informan y asesoran en materias específicas de justicia y/o administración de justicia sobre la protección y defensa jurídica de sus derechos e intereses legítimos.

3.2. Servicio de Atención a las Víctimas del Delito

3.2.1. Las Oficinas de Ayuda a las Víctimas del Delito

La Conselleria de Justicia e Interior, para garantizar el reconocimiento y protección por los poderes públicos de los derechos que las víctimas tienen reconocidos, regula las Oficina de Asistencia a las Víctimas del Delito (OAVD). Éstas se configuran como una unidad técnica y multidisciplinar (atención jurídica, psicológica y social), capaz de centralizar y hacer fácilmente accesible a las personas testigos, víctimas y otras en situación de riesgo (consecuencia de su contacto circunstancial con el delito), no solo los recursos tendentes a garantizar su seguridad, sino también una asistencia integral y especializada a lo largo de todo el procedimiento e incluso con posterioridad a su terminación, dirigida evitar la victimización secundaria.

La Red de Oficinas de la Generalitat de Asistencia a las Víctimas del Delito:

- Se configura como un servicio de carácter multidisciplinar, público y gratuito que depende orgánica y funcionalmente de la Generalitat Valenciana.

- Se coordina con los departamentos, órganos y servicios existentes con competencia en asistencia a las víctimas de delitos específicos, así como con los órganos judiciales, la Fiscalía, la Abogacía, el Instituto de medicina legal y ciencias forenses, las fuerzas y cuerpos de seguridad, la policía local, los servicios de salud, los servicios sociales y cualquier otra institución que pueda estar en contacto con la víctima del delito.

- La Red de Oficinas de la Generalitat está integrada por tres oficinas de ámbito provincial (Alicante, Castelló y València) y otras de ámbito inferior al provincial y que dependen funcionalmente de las oficinas provinciales.

3.2.2. Oficinas de denuncia y asistencia a víctimas de violencia de género

Ofrecen servicios de atención psicológicos, jurídicos y sociales a víctimas de violencia de género con personal de las oficinas de atención a víctimas del delito, incorporando la atención de agentes del Cuerpo Nacional de Policía y una atención inmediata para los reconocimientos y valoración por parte del Instituto de Medicina Legal.

3.3. Punto de Encuentro Familiar

El Punto de Encuentro Familiar es un servicio social gratuito, universal y específico en infancia y adolescencia, al que se accede por resolución judicial o administrativa, el cual se puede activar durante los procesos y situaciones de separación, divorcio, protección de la infancia y adolescencia, u otros supuestos de interrupción de la convivencia familiar. Tiene como objetivo facilitar el derecho de los/as menores a relacionarse con ambos progenitores y/u otros parientes o allegados y su seguridad física y emocional en dichas relaciones, mediante una intervención temporal de carácter psicológico, social, educativo y jurídico por parte de profesionales especializados y debidamente formados, al objeto de normalizar y dotar a aquéllos de la autonomía suficiente para relacionarse fuera de este servicio.

El punto de encuentro familiar se concibe como un servicio transitorio, con duración determinada teniendo en cuenta el interés del o de la menor. Con carácter general, la intervención en el punto de encuentro familiar tendrá una duración máxima de 12 meses, prorrogables por períodos de seis meses mediante resolución motivada del órgano judicial o administrativo que haya realizado la derivación, en función de la situación.

3.4. Responsabilidad Penal de Menores. Medidas judiciales y extrajudiciales

Cuando las personas mayores de catorce años y menores de dieciocho cometen hechos tipificados como delitos o faltas en el Código Penal o las leyes penales especiales se les aplica la Ley Reguladora de la Responsabilidad Penal de los Menores (Ley RPM), para exigir la responsabilidad penal. En el caso de que la persona autora de los hechos sea menor de catorce años, no se le exige responsabilidad con arreglo a la mencionada Ley, sino que se le aplica lo dispuesto en las normas sobre protección de menores, remitiéndose a la entidad pública de protección de menores.

3.4.1. Medidas judiciales

Las medidas judiciales ordenadas según la restricción de derechos que suponen, son las siguientes:

a) Internamiento en régimen cerrado. Las personas sometidas a esta medida residirán en el centro y desarrollarán en el mismo las actividades formativas, educativas, laborales y de ocio.

b) Internamiento en régimen semiabierto. Las personas sometidas a esta medida residirán en el centro, pero podrán realizar fuera del mismo alguna o algunas de las actividades formativas, educativas, laborales y de ocio establecidas en el programa individualizado de ejecución de la medida. La realización de actividades fuera del centro quedará condicionada a la evolución de la persona y al cumplimiento de los objetivos previstos en las mismas.

c) Internamiento en régimen abierto. Las personas sometidas a esta medida llevarán a cabo todas las actividades del proyecto educativo en los servicios normalizados del entorno, residiendo en el centro como domicilio habitual, con sujeción al programa y régimen interno del mismo.

d) Internamiento terapéutico en régimen cerrado, semiabierto o abierto. En los centros de esta naturaleza se realiza una atención educativa especializada o tratamiento específico dirigido a personas que padezcan anomalías o alteraciones psíquicas, un estado de dependencia de bebidas alcohólicas, drogas tóxicas o sustancias psicotrópicas, o alteraciones en la percepción que determinen una alteración grave de la conciencia de la realidad.

e) Tratamiento ambulatorio. Las personas sometidas a esta medida habrán de asistir al centro designado con la periodicidad requerida por los facultativos que las atiendan y seguir las pautas fijadas para el adecuado tratamiento de la anomalía o alteración psíquica, adicción al consumo de bebidas alcohólicas, drogas tóxicas o sustancias psicotrópicas, o alteraciones en la percepción que padezcan.

f) Asistencia a un centro de día. Las personas sometidas a esta medida residirán en su domicilio habitual y acudirán a un centro, plenamente integrado en la comunidad, a realizar actividades de apoyo, educativas, formativas, laborales o de ocio.

g) Permanencia de fin de semana. Las personas sometidas a esta medida permanecerán en su domicilio o en un centro hasta un máximo de treinta y seis horas entre la tarde o noche del viernes y la noche del domingo, a excepción, en su caso, del tiempo que deban dedicar a las tareas socio-educativas asignadas por el Juez que deban llevarse a cabo fuera del lugar de permanencia.

h) Libertad vigilada. En esta medida se ha de hacer un seguimiento de la actividad de la persona sometida a la misma y de su asistencia a la escuela, al centro de formación profesional o al lugar de trabajo, según los casos, procurando ayudar a aquélla a superar los factores que determinaron la infracción cometida. Asimismo, esta medida obliga, en su caso, a seguir las pautas socio-educativas que señale la entidad pública o el profesional encargado de su seguimiento, de acuerdo con el programa de intervención elaborado al efecto y aprobado por el Juez de Menores. La persona sometida a la medida también queda obligada a mantener con dicho profesional las entrevistas establecidas en el programa y a cumplir, en su caso, las reglas de conducta impuestas por el Juez, que podrán ser alguna o algunas de las siguientes:

1) Obligación de asistir con regularidad al centro docente correspondiente, si el menor está en edad de escolarización obligatoria, y acreditar ante el Juez dicha asistencia regular o justificar en su caso las ausencias, cuantas veces fuere requerido para ello.

2) Obligación de someterse a programas de tipo formativo, cultural, educativo, profesional, laboral, de educación sexual, de educación vial u otros similares.

3) Prohibición de acudir a determinados lugares, establecimientos o espectáculos.

4) Prohibición de ausentarse del lugar de residencia sin autorización judicial previa.

5) Obligación de residir en un lugar determinado.

6) Obligación de comparecer personalmente ante el Juzgado de Menores o profesional que se designe, para informar de las actividades realizadas y justificarlas.

7) Cualesquiera otras obligaciones que el Juez, de oficio o a instancia del Ministerio Fiscal, estime convenientes para la reinserción social del sentenciado, siempre que no atenten contra su dignidad como persona.

i) La prohibición de aproximarse o comunicarse con la víctima o con aquellos de sus familiares u otras personas que determine el/a Juez. Esta medida impedirá al/a menor acercarse a ellos, en cualquier lugar donde se encuentren, así como a su domicilio, a su centro docente, a sus lugares de trabajo y a cualquier otro que sea frecuentado por ellos. La prohibición de comunicarse con la víctima, o con aquellos de sus familiares u otras personas que determine el Juez o Tribunal, impedirá al menor establecer con ellas, por cualquier medio de comunicación o medio informático o telemático, contacto escrito, verbal o visual.

j) Convivencia con otra persona, familia o grupo educativo. La persona sometida a esta medida debe convivir, durante el período de tiempo establecido por el Juez, con otra persona, con una familia distinta a la suya o con un grupo educativo, adecuadamente seleccionados para orientar a aquélla en su proceso de socialización.

k) Prestaciones en beneficio de la comunidad. La persona sometida a esta medida, que no podrá imponerse sin su consentimiento, ha de realizar las actividades no retribuidas que se le indiquen, de interés social o en beneficio de personas en situación de precariedad.

l) Realización de tareas socioeducativas. La persona sometida a esta medida ha de realizar, sin internamiento ni libertad vigilada, actividades específicas de contenido educativo encaminadas a facilitarle el desarrollo de su competencia social.

m) Amonestación. Esta medida consiste en la represión de la persona llevada a cabo por el/a Juez de Menores y dirigida a hacerle comprender la gravedad de los hechos cometidos y las consecuencias que los mismos han tenido o podrían haber tenido, instándole a no volver a cometer tales hechos en el futuro.

n) Privación del permiso de conducir ciclomotores y vehículos a motor, o del derecho a obtenerlo, o de las licencias administrativas para caza o para uso de cualquier tipo de armas. Esta medida podrá imponerse como accesoria cuando el delito o falta se hubiere cometido utilizando un ciclomotor o un vehículo a motor, o un arma, respectivamente.

ñ) Inhabilitación absoluta. La medida de inhabilitación absoluta produce la privación definitiva de todos los honores, empleos y cargos públicos sobre el que recayere, aunque sean electivos; así como la incapacidad para obtener los mismos o cualesquiera otros honores, cargos o empleos públicos, y la de ser elegido para cargo público, durante el tiempo de la medida.

Para la elección de la medida o medidas adecuadas se debe atender de modo flexible, no sólo a la prueba y valoración jurídica de los hechos, sino especialmente a la edad, las circunstancias familiares y sociales, la personalidad y el interés del/a menor, puestos de manifiesto los dos últimos en los informes de los equipos técnicos y de las entidades públicas de protección y reforma de menores cuando éstas hubieran tenido conocimiento del/a menor por haber ejecutado una medida cautelar o definitiva con anterioridad. El Juez deberá motivar en la sentencia las razones por las que aplica una determinada medida, así como el plazo de duración de la misma, a los efectos de la valoración del mencionado interés del/a menor.

3.4.2. Medidas de conciliación y de reparación extrajudicial de menores

La Ley RPM también contempla la posibilidad de desistir en la continuación del expediente atendiendo a la gravedad y circunstancias de los hechos y del/a menor. Así, se concretan las siguientes medidas:

Conciliación: cuando el/a menor reconoce el daño causado y se disculpa ante la víctima, y ésta acepta sus disculpas

Reparación: compromiso asumido por el/a menor con la víctima o perjudicado de realizar determinadas acciones en beneficio de aquéllos o de la comunidad, seguido de su realización efectiva.

Estas medidas no se podrán llevar a cabo en casos de delitos relacionados con las agresiones sexuales, abusos sexuales, contra la libertad sexual o de violencia de género, salvo que la víctima lo solicito expresamente y que la persona menor de edad, además, haya realizado la medida accesoria de educación sexual y de educación para la igualdad.

Nombre y apellidos:
Realiza los siguientes ejercicios:
1.Además de la defensa y representación gratuitas por abogado/a y procurador/a en el procedimiento judicial, en el derecho a la asistencia jurídica gratuita se contemplan entre otros contenidos: a) Asesoramiento y orientación gratuitos previos al proceso b) Asistencia de abogado al detenido o preso que no lo hubiera designado c) Asistencia pericial gratuita d) Todas las opciones son correctas 2. ¿A quién se le aplica la Ley de Responsabilidad Penal de Menores? a) a las personas menores de catorce años y menores de dieciocho b) a las personas mayores de catorce años y menores de dieciocho c) a las personas mayores de dieciséis años y menores de dieciocho d) a las personas menores de edad

Nombre y apellidos:

Actividades

Nombre y apellidos:
Actividades

CAPITULO 8. SISTEMA DE VIVIENDA

1. MARCO NORMATIVO Y ESTRUCTURAS INSTITUCIONALES

Corresponde al Ministerio de Vivienda y Agenda Urbana la propuesta y ejecución de las políticas del Gobierno en materia de acceso a la vivienda, edificación, urbanismo, sol y arquitectura. La Ley por el Derecho de Vivienda es la normativa de referencia estatal y el Plan Estatal de Vivienda 2022-2025 constituye el instrumento principal de actuación de la Administración General del Estado en materia de vivienda, de rehabilitación, regeneración y renovación urbana y rural. Adscrito al Ministerio de Vivienda y Agenda Urbana se localiza la SEPES (Sociedad Estatal de Promoción y Equipación de Suelo), que es una Empresa Pública Empresarial de Gestión de Suelo y actuaciones en vivienda protegida. La SEPES es el instrumento estructural de la Administración General del Estado para la ampliación y gestión del parque público de vivienda asequible en España.

En el ámbito autonómico de la Administración Valenciana el departamento de la Generalitat valenciana que desarrolla las competencias en materia de vivienda es la Vicepresidencia Segunda y Consellería de Servicios Sociales, Igualdad y Vivienda que tiene adscrita la Entidad de Vivienda y Suelo (EVHA). L'EVHA es la entidad de derecho público para el desarrollo de las políticas autonómicas en materia de vivienda e infraestructuras. Los fines de EVHA consisten al desarrollar las políticas de vivienda, administrar el parque público de la Generalitat valenciana, movilización y gestión de las viviendas de protección pública de la Generalitat, participación de la gestión de suelo residencial y de suelo industrial y logístico.

2. ORGANIZACIÓN

2.1. Planes estatales de vivienda

Los planes estatales de vivienda son planes plurianuales de planificación y estructuración de los programas en los cual se articula el apoyo de la Administración general del Estado para el acceso a la vivienda. El vigente Plan Estatal de Vivienda 2022-2025, para facilitar el acceso a la vivienda, finanza varios tipos de ayudas económicas para la ciudadanía, siempre que se cumplan los requisitos que se exigen para cada cual de ellos y dentro de las disponibilidades presupuestarias existentes. El vigente Plan se estructura en los siguientes programas:

1. <u>Actuaciones del Programa de subsidiación de préstamos convenidos.</u> Este programa tiene por objeto atender el pago de las ayudas de subsidiación de préstamos convenidos, regulados en anteriores planes estatales de vivienda, a aquellos beneficiarios que tengan derecho a la misma de acuerdo con la normativa de aplicación.

2. <u>Programa de ayuda al alquiler de vivienda.</u> Se trata de facilitar a personas pertenecientes a sectores de población con escasos medios económicos, el goce de una vivienda o habitación en régimen de alquiler o de cesión de uso mediante el otorgamiento de ayudas directas a las personas arrendatarias o cesionarias.

3. <u>Programa de ayuda a las víctimas de violencia de género, personas objeto de desahucio de su vivienda habitual, personas sin hogar y otras personas especialmente vulnerables.</u> Tiene por objeto proporcionar una solución habitacional inmediata a las personas víctimas de violencia de género, a las personas objeto de desahucio de su vivienda habitual, a las personas sin hogar y otras personas especialmente vulnerables. Esta situación de vulnerabilidad será acreditada con un informe de los Servicios Sociales de las comunidades autónomas o de las administraciones locales correspondientes.

4. <u>Programa de ayuda a las personas arrendatarias en situación de vulnerabilidad sobrevenida.</u> Se trata de la concesión de una ayuda para el pago del alquiler a las personas arrendatarias de vivienda habitual en el supuesto de vulnerabilidad sobrevenida por haber visto reducidos sus ingresos netos.

5. <u>Programa de ayuda a las personas jóvenes y para contribuir al reto demográfico</u>. Se dirige a jóvenes con escasos recursos económicos porque puedan acceder al goce de una vivienda o habitación digna y adecuada en régimen de alquiler o de cesión en uso. Se concreta en el otorgamiento de ayudas directas de alquiler de una vivienda (o habitación) a la persona arrendataria o cesionaria o mediante la concesión de una subvención directa para la adquisición de una vivienda en régimen de propiedad localizada en un municipio o núcleo de población de pequeño tamaño (10.000 habitantes), contribuyendo al reto demográfico de recuperar población en municipios o núcleos de población de pequeño tamaño.

6. <u>Programa de incremento del parque público de viviendas</u>. Su finalidad es incrementar el parque público de viviendas, mediante la adquisición de viviendas, de manera individualizada o en bloque, por las administraciones públicas, los organismos públicos y otras entidades de derecho público, así como las empresas públicas, público-privadas y sociedades mercantiles participadas mayoritariamente por las administraciones públicas o en las cuales se garantice la permanencia y control de las administraciones públicas en al menos el 50 por ciento del capital, para ser destinadas al alquiler o cesión en uso, así como por parte de los entidades privadas sin ánimo lucrativo.

7. <u>Programa de fomento de viviendas para personas mayores o personas con discapacidad/diversidad funcional</u>. El objeto de este programa es el fomento de la promoción de alojamientos o viviendas con instalaciones, servicios y zonas de interrelación, para personas mayores y personas con discapacitado/diversidad funcional (con sus familias caso de menores/se tutelados/as), destinadas al alquiler o cesión en uso, tanto de titularidad pública como privada.

8. <u>Programa de fomento de alojamientos temporales, de modelos cohousing, de viviendas intergeneracionales y modalidades similares.</u> Se trata de fomentar la vivienda cooperativa en cesión de uso y otras soluciones residenciales modelo cohousing, alojamientos temporales u otras modalidades similares, destinados al arrendamiento, a la cesión en uso o al goce temporal en cualquier régimen admitido en derecho, ya sean de titularidad pública o privada.

9. <u>Programa de puesta a disposición de viviendas de la SAREB y de entidades públicas para su alquiler como vivienda asequible o social.</u> El objeto del programa es fomentar la puesta a disposición de las comunidades autónomas y de las entidades locales, así como de sus entidades dependientes o vinculadas, o de entidades y fundaciones sin ánimo de lucro en los estatutos del cual figuro la promoción y/o gestión de viviendas de protección oficial, de viviendas de la SAREB y de entidades públicas para su arrendamiento como vivienda social.

10. <u>Programa de fomento de la puesta a disposición de las comunidades autónomas y ayuntamientos de viviendas para su alquiler como vivienda asequible o social.</u> El objeto de este programa es el fomento de la puesta a disposición o incorporación a programas de movilización de viviendas vacías, de las comunidades autónomas, entidades locales o de sus entidades dependientes o vinculadas, así como de entidades y fundaciones sin ánimo de lucro en los estatutos del cual figuro la promoción y/o gestión de viviendas de protección oficial, de viviendas de cualquier titularidad, para su alquiler como vivienda asequible o social por un plazo de al menos siete años.

11. <u>Programa de mejora de la accesibilidad en y a las viviendas.</u> La finalidad es el fomento de la mejora de la accesibilidad, tanto en el medio urbano como rural, en y a: viviendas unifamiliares aisladas o agrupadas en fila; edificios de viviendas de tipología residencial colectiva, interviniendo tanto en sus elementos comunes como el interior de cada vivienda; viviendas situadas en edificios de tipología residencial colectiva.

12. <u>Programa de ayuda a la erradicación de zonas degradadas, del chabolismo y la infravivienda.</u> La finalidad de estas ayudas es financiar la realización conjunta de actuaciones de rehabilitación de viviendas, de renovación y nueva edificación de viviendas, de urbanización o reurbanización de los entornos de las viviendas rehabilitadas, renovadas o edificadas, de realojamientos y de gastos profesionales y de gestión inherentes a la erradicación de áreas abandonadas, obsoletas o en declive y, en todo caso, en aquellas en que exista chabolismo y/o infravivienda, con el fin último de contribuir a la inclusión social de las personas y unidades de convivencia afectadas a través del goce de una vivienda digna y adecuado en un contexto integrador.

13. <u>Programa de ayuda para el pago del seguro de protección de la renta arrendaticia.</u> El objeto de este programa es la concesión de ayudas para la contratación de un seguro de protección de la renta arrendaticia que cubra el eventual impago la misma. La cuantía de la ayuda será de hasta el 5% de la renta arrendaticia anual.

La gestión de las ayudas del Plan Estatal se articula a través de convenios de colaboración del Ministerio de Transportes, Movilidad y Agenda Urbana con las Comunidades Autónomas. Corresponde a los órganos competentes de las Comunidades Autónomas, la tramitación y resolución de los procedimientos de concesión y pago de las ayudas del Plan, así como la gestión del abono de las subvenciones, una vez se haya reconocido, por éstas, el derecho de los beneficiarios a obtenerlas, dentro de las condiciones y límites establecidos en la regulación del Plan para cada programa, y según lo acordado en los correspondientes convenios de colaboración. En estos se establece la previsión de cantidades a aportar en cada anualidad por la Administración General del Estado, así como los compromisos de cofinanciación de las actuaciones que, en su caso, asuma la Comunidad Autónoma o Ciudades de Ceuta y de Melilla.

2.2. Bono Alquiler Joven

Los ayudas en materia de vivienda estatal dirigidas a jóvenes con escasos medios económicos (Buen Alquiler Joven) tienen como objeto facilitar el acceso y permanencia en una vivienda o habitación en régimen de alquiler. Van dirigidas a personas jóvenes menores de 35 años españolas o con residencia legal o autorización de estancia en España que reúnan las siguientes características:

a) Ser titular o estar en condiciones de subscribir, en calidad de persona arrendataria, un contrato de alquiler de vivienda formalizada según ley.

b) La vivienda arrendada (o habitación) tiene que constituir la residencia habitual y permanente de la persona arrendataria habiendo-se de acreditar con certificado o volante de empadronamiento.

c) Disponer al menos de una fuente regular de ingresos que le reporto unes rentas anuales, incluidos las personas que tengan su domicilio habitual y permanente en la vivienda arrendada o cedido o a arrendar o ceder, constan o no como titulares del contrato de arrendamiento o cesión, iguales o inferiores a 3 veces el Indicador Público de Renta de Efectos Múltiples (IPREM).

d) La renta arrendaticia o precio de cesión de la vivienda objeto del contrato de arrendamiento o cesión tendrá que ser igual o inferior a 600 euros mensuales (pudiendo ser incrementada hasta 900 euros por parte de las comunidades autónomas).

La cuantía de la ayuda es de 250 euros mensuales con el límite del importe mensual de la renta arrendaticia o del precio de la cesión.

La ayuda es concederá a las personas beneficiarias por un plazo de dos años.

2.3. Programa de Ayuda a construcción de viviendas de alquiler social

El programa del Ministerio de Vivienda y Agenda Urbana impulsado por el Plan de Resiliencia pretende impulsar la construcción de viviendas o la rehabilitación de edificios con criterios de eficiencia energética para que se puedan alquilar a un precio asequible.

Los beneficiarios de estas ayudas son las administraciones públicas (o sus organismos, entidades, corporaciones, o empresas públicas) y las empresas o entidades privadas (a través de fórmulas de colaboración público-privada), quienes construirán las viviendas para que sean alquiladas como domicilio habitual a precio asequible o social.

2.4. Avales para la adquisición de primera vivienda

Consiste en una línea de Avales para adquisición de primera vivienda de jóvenes y familias con menores que, contando con solvencia financiera, todavía no han generado capacidad de ahorro suficiente para su compra. Este aval facilitará que el importe del préstamo hipotecario, concedido por la entidad de crédito a estos colectivos, pueda llegar a igualar el valor de tasación o el precio de adquisición de la vivienda, el de menor importe.

3. PROGRAMAS Y MEDIDAS EN EL ÁMBITO VALENCIANO

Desde el ámbito autonómico la Generalitat Valenciana promueven las siguientes medidas de acceso a la vivienda y soluciones ante la emergencia habitacional:

3.1. Ayudas al alquiler

Las ayudas en materia de vivienda dirigidas a personas físicas con el objeto de facilitar el acceso y la permanencia en una vivienda o habitación en régimen de alquiler en el ámbito de la Comunitat Valenciana, a las personas físicas pertenecientes a sectores de población con escasos medios económicos son las que se establecen en el Plan Estatal 2022-2025 y se articula su acceso desde la Administración autonómica. Van dirigidas a personas mayores de edad españolas o con residencia legal o autorización de estancia en España, siempre priorizando los grupos de población especiales, en España que reúnan las siguientes características:

a) Titulares de un contrato de arrendamiento de vivienda.

b) La vivienda arrendada ha de constituir la residencia habitual y permanente de la persona arrendataria.

c) Los ingresos de unidad de convivencia sean, en conjunto, inferiores al límite máximo de ingresos que da acceso a la ayuda (igual o inferior a tres veces el IPREM).

d) Que las personas que tengan su domicilio habitual o permanente en la vivienda, constan o no como titulares del contrato de arrendamiento o cesión, acreditan unos ingresos mínimos, en conjunto, equivalentes a 0,3 veces la IPREM.

d) El precio del alquiler o importe mensual máximo de la renta de la vivienda solo puede oscilar entre unos límites, en el caso de la Comunidad Valenciana, entre 420 y 770 euros, dependiendo de la zona localidad donde esté emplazada la vivienda.

3.2. Ayudas a jóvenes para la adquisición de vivienda habitual y permanente localizada en un municipio o núcleo de población pequeño

Para acceder a estas ayudas, las personas jóvenes menores de 35 años (incluida esta edad), españolas o con residencia legal o autorización de estancia en España, tienen que cumplir los requisitos siguientes, de manera general:

a) Haber subscrito o estar en condiciones de subscribir un contrato público o privado de adquisición de vivienda localizada en un municipio o núcleo de población de pequeño tamaño (máximo 10.000 habitantes), incluido el supuesto de vivienda a edificar y disponer de unas rentas anuales iguales o inferiores a 3 veces el IPREM.

b) Que la vivienda a adquirir vaya a constituir la residencia habitual y permanente de la persona beneficiaria por un plazo mínimo de cinco años desde la fecha su adquisición.

c) Disponer de rentas anuales igual o inferiores a 3 veces el IPREM (como norma general).

d) Que el precio de adquisición de la vivienda sea igual o inferior a 120.000 euros.

e) La cuantía de la ayuda puede ser de hasta 10.800 euros por vivienda, con el límite del 20% del coste de adquisición de la vivienda.

3.3. Ayudas para facilitar soluciones residenciales a personas en situación de especial vulnerabilidad a través de las entidades locales

Son ayudas de carácter excepcional y singularizado y su concesión a las entidades locales, con el fin de que estas facilitan, por cuenta suya, una solución residencial inmediata a las personas víctimas de violencia de género, víctimas de tráfico con fines de explotación sexual, víctimas de violencia sexual, a las personas objeto de desahucio de su vivienda habitual, a las personas sin hogar, asiladas, refugiadas, apátridas, acogidas al régimen de protección temporal, u otros estatutos de protección subsidiaria, y a otras personas especialmente vulnerables.

3.4. Red de Oficinas locales de Vivienda, Regeneración Urbana y Rehabilitación

La Red de Oficinas Locales de Vivienda, Regeneración Urbana y Rehabilitación (Xaloc) es un instrumento de cooperación y colaboración interadministrativa entre la Generalitat y las entidades locales de la Comunidad Valenciana en materia de vivienda, rehabilitación y regeneración urbana para desarrollar de manera coordinada actuaciones en materia de vivienda desde una atención descentralizada más próxima a la población. El objetivo último de sus acciones está encaminado al acceso a la vivienda, y el rango de servicios que ofrece va desde la eliminación de barreras en la hora de tramitar procedimientos en esta materia a procurar soluciones residenciales ante situaciones de vulnerabilidad y emergencia social, sin dejar de mencionar la promoción de la rehabilitación, regeneración e integración de espacios urbanos y la lucha contra la despoblación.

3.5. Plan VIVE

Se trata de la construcción de viviendas de protección pública mediante convenio institucional suscrito entre la Generalitat Valenciana y la Federación Valenciana de Municipios y Provincias. Su objeto es impulsar la promoción de viviendas de protección pública en suelo de las administraciones locales mediante colaboración público-privada.

Desde el ámbito autonómico la Generalitat Valenciana promueve las siguientes medidas de rehabilitación, innovación y arquitectura:

3.6. Subvenciones para actuaciones de mejora de la accesibilidad a las viviendas

Estas ayudas tienen el objeto de financiar la realización de actuaciones de mejora de la accesibilidad que intervengan en los elementos comunes de edificios de viviendas de tipología residencial colectiva.

3.7. Subvenciones para la rehabilitación de viviendas o edificios de viviendas de entidades locales para destinarlos a vivienda de alquiler con fines sociales mediante el Plan Recuperamos hogares

Se trata de fomentar la rehabilitación de viviendas o edificios de viviendas de entidades locales para destinarlos a vivienda de alquiler con fines sociales ofreciéndolos a un precio de alquiler asequible.

3.8. Subvenciones para la rehabilitación de edificios y la adecuación del entorno construido en municipios mediante el Plan Convivir

El destino de estas subvencionas es para la rehabilitación de edificios (patrimonio de entidades locales de uso social, administrativo, de servicios, o de carácter cultural o histórico) y la adecuación del entorno construido en municipios de la Comunidad Valenciana (calles, plazas o zonas de esparcimiento y recreo).

3.9. Subvenciones a proyectos, obras e investigación aplicada y desarrollo de producto, de impulso a la transición ecológica e innovación en el entorno construido. Pla IRTA de impulso a la innovación e investigación aplicada para la transición ecológica en la arquitectura.

Subvenciones a proyectos y obras, de nueva planta y rehabilitación, así como proyectos de investigación aplicada y desarrollo de producto, que fomentan la incorporación de medidas sostenibles y potencian la transferencia tecnológica y la innovación aplicada al fomento de una sostenibilidad ambiental, social y económica.

3.10. Plan Verdea

Programa de ayudas para el fomento de actuaciones SbN, soluciones basadas en la naturaleza, dirigidas a la renaturalización y resiliencia en el entorno urbano de la Comunitat Valenciana y así ayudar a reducir las consecuencias del cambio climático y conseguir mitigar el efecto isla de calor para mejorar la habitabilidad y la calidad de vida de las personas de los entornos urbanos, de las generaciones actuales y futuras.

3.11. Subvenciones para la mejora de las condiciones del interior de las viviendas, en el marco del Plan de reforma interior de vivienda, Pla Renhata

Las ayudas a la rehabilitación en la Comunidad Valenciana se inscriben en el Plan de reforma interior de vivienda de la Comunidad Valenciana (Renhata) el objetivo del cual ayudar a la ejecución de reformas en el interior de las viviendas basado en la rehabilitación integral de la edificación residencial. Las actuaciones se dirigen a:

a) La reforma de las estancias húmedas (cocinas y baños).

b) La Reforma de la vivienda para adaptarlo a las necesidades de personas con diversidad funcional y movilidad reducida.

c) Instalación de sistemas integrados de domótica.

3.12. Iniciativa Arrel

Consiste en una estrategia de innovación para la reactivación del parque viviendas en municipios en riesgo de despoblamiento. Se trata de una iniciativa dirigida a dar respuesta al reto demográfico atendiendo a una cuestión clave como es la demanda de vivienda, a fin de que sirva de mecanismo para fijar la población.

Nombre y apellidos:

Realiza los siguientes ejercicios:

1. Las ayudas en materia de vivienda dirigidas a jóvenes con escasos medios económicos tienen como objeto facilitar el acceso y permanencia en una vivienda en régimen de alquiler. La edad máxima para acceder a estas ayudas es:

a) 18 años

b) 25 años

c) 30 años

d) 35 años

2. Las ayudas en materia de vivienda dirigidas a personas físicas con el objeto de facilitar el acceso y la permanencia en una vivienda en régimen de alquiler en el ámbito de la Comunitat Valenciana, a las personas físicas pertenecientes a sectores de población con escasos medios económicos, establecen que los ingresos de la unidad de convivencia sean:

a) igual al IPREM

b) igual o inferior a dos veces el IPREM

c) igual o inferior a tres veces el IPREM

d) más de tres veces el IPREM

Nombre y apellidos:

Actividades

Nombre y apellidos:

Actividades

REFERENCIAS BIBLIOGRÁFICAS

Conselleria de Justicia y Administración pública (2025): Mediaprop. [Consulta: 22 agosto 2025]. https://cjusticia.gva.es/es/web/atencion-a-las-victimas/mediacio/que-es-mediaprop

Conselleria de Sanidad y Salud Pública (2018). Memoria de gestión de la Conselleria de Sanidad y Salud Pública. [Consulta: 22 agost 2025]. chrome-extension://efaidnbmnnnibpcajpcglclefindmkaj/https://www.san.gva.es/documents/337726/3078896/3_organizacion_de_la_conselleria_2018_es.pdf/919a38fe-6231-d656-6b6c-e8bae224228c?t=1676874864706. 23-08-2025.

Decreto 10/2023, de 19 de julio, del presidente de la Generalitat, por el cual se determinan el número y la denominación de las consellerias, y sus atribuciones. DOGV núm. 9643, de 19.07.2023.

Decreto 104/2018, de 27 de julio, del Consell, por el que se desarrollan los principios de equidad y de inclusión en el sistema educativo valenciano. DOCV núm. 8356, de 07.08.2018.

Decreto 112/2023, de 25 de julio, del Consell, por el cual se establece la estructura orgánica básica de la Presidencia y de las consellerias de la Generalitat. DOGV núm. 9647, de 25.07.2023.

Decreto 199/2021, de 10 de diciembre, del Consell, de creación de la Red de oficinas locales de vivienda, rehabilitación y regeneración urbana (Red Xaloc). DOGV núm. 9243, de 27.12.2021.

Decreto 27/2023, de 10 de marzo, del Consell, por el cual se regulan la tipología y el funcionamiento de los centros, servicios y programas de servicios sociales, y su ordenación dentro de la estructura funcional, territorial y competencial del Sistema Público Valenciano de Servicios Sociales. DOGV núm. 9559, de 22.03.2023.

Decreto 48/2024, de 23 de abril, del Consell, por el que se regula el proceso de admisión en los centros docentes públicos y privados concertados que imparten enseñanzas de Educación Infantil, Educación Primaria, Educación Secundaria Obligatoria y Bachillerato, y en los centros de Educación Especial, en la Comunitat Valenciana. DOGV núm. 9835, de 24.04.2024.

Decreto 51/2024, de 29 de abril, del Consell, por el que se modifica el Decreto 27/2023, de 10 de marzo, del Consell, por el que se regulan la tipología y el funcionamiento de los centros, servicios y programas de servicios sociales, y su ordenación dentro de la estructura funcional, territorial y competencial del Sistema Público Valenciano de Servicios Sociales. DOGV, nº 984, de 03.05.2024.

Decreto 68/2023, de 12 de mayo, del Consell, por el que se aprueba el Reglamento de vivienda de protección pública y régimen jurídico de patrimonio público de vivienda y suelo de la Generalitat. DOGV nº 9596, de 16.05.2023.

Decreto 72/2021, de 21 de mayo, del Consejo, de organización de la orientación educativa y profesional en el sistema educativo valenciano. DGV, n.º 9099 / 03.06.202.

Generalitat Valenciana (2022): Memoria de Gestión 2021. Conselleria de Sanidad y Salud Pública. [Consulta: 30 agosto 2025].Recuperado https://www.san.gva.es/documents/337726/3095350/memoria_2021_es.pdf/c37b6f73-9841-8ece-54a5-f2d7bf6300da?t=1676990732555

Susana Sánchez-Flores (Universitat de València)
LA ADMINISTRACIÓN SOCIAL Y LOS SERVICIOS SOCIALES
Curso 2025/2026

Generalitat Valenciana (2025). Programas mixtos de empleo-formación. Servicio Valenciano de Empleo y Formación. LABORA. [Consulta: 28 agosto 2025]. Conselleria de Educación, Universidades y Ocupación. Recuperado de: https://labora.gva.es/es/programes-mixtos-d-ocupacio

Generalitat Valenciana (2025). Mediación. Conselleria de Justicia i Administración Pública. [Consulta: 25 agosto 2025]. Recuperado de: https://cjusticia.gva.es/web/justicia/mediacion

Generalitat Valenciana (2025): Acceso a la vivienda y soluciones ante la emergencia habitacional. Vicepresidencia Segunda y Conselleria de Servicios Sociales, Igualdad y Vivienda [Consulta: 25 agosto 2025]. https://habitatge.gva.es/es/es/web/vivienda-y-calidad-en-la-edificacion/vivienda-y-calidad-en-la-edificacion

Generalitat Valenciana (2025): Atención a las víctimas y acceso a la Justicia. Conselleria de Justicia e Interior. [Consulta: 26 agosto 2024].Recuperado de: https://cjusticia.gva.es/va/web/atencion-a-las-victimas/

Generalitat Valenciana (2025): Ayudas 2024. Vicepresidencia Segunda y Conselleria de Servicios Sociales, Igualdad y Vivienda. [Consulta: 23 agosto 2025]. Recuperado de: https://www.san.gva.es/documents/337726/3095350/memoria_2021_es.pdf/c37b6f73-9841-8ece-54a5-f2d7bf6300da?t=1676990732555

Generalitat Valenciana (2025): Información institucional. Instituto Valenciano de Servicios Sociales. Vicepresidencia Segunda y Conselleria de Servicios Sociales, Igualdad y Vivienda. [Consulta: 24 agosto 2025]. Recuperado de https://www.ivass.gva.es/Coneix-l-IVASS/informacio-institucional.html

Generalitat Valenciana (2025): Oficina de atención a las víctimas del delito. Conselleria de Justícia e Interior. [Consulta: 25 agosto 2025]. Recuperado de: http://oficinavictimas.gva.es/oavd

Generalitat Valenciana (2025): Orientación. Conselleria de Educación, Universidades y Ocupación [Consulta: 28 agosto 2025]. Recuperado de https://ceice.gva.es/web/inclusioeducativa/normativa-orientacio

Generalitat Valenciana (2025): PAM. Conselleria de Educación, Universidades y Ocupación [Consulta: 25 agosto 2025]. Recuperado de: https://ceice.gva.es/es/web/innovacion-calidad/pam-curs-2025-2026

Generalitat Valenciana (2025): Plan ADHA. Ayudas a Entidades locales para la adquisición de vivienda. Vicepresidencia Segunda y Conselleria de Servicios Sociales, Igualdad y Vivienda [Consulta: 25 agosto 2025]. https://habitatge.gva.es/es/web/vivienda-y-calidad-en-la-edificacion/pla-adha-ajudes-a-entitats-locals-per-a-l-adquisicio-d-habitatges-2023

Generalitat Valenciana (2025): Plan de reforma interior vivienda de la Comunitat Valenciana Renhata. Vicepresidencia Segunda y Conselleria de Servicios Sociales, Igualdad y Vivienda. [Consulta: 28 agosto 2025]. Recuperado de https://habitatge.gva.es/web/arquitectura/pla-renhata-2024

Generalitat Valenciana (2025): Proceso de admisión. Conselleria de Educación, Universidades y Ocupación. [Consulta: 28 agosto 2024]. Recuperado de: http://www.ceice.gva.es/web/admision-alumnado/normativa

Generalitat Valenciana (2025): Puntos de encuentro familiar. Vicepresidencia Segunda y Conselleria de Servicios Sociales, Igualdad y Vivienda. [Consulta: 28 agosto 2025]. https://inclusio.gva.es/documents/610740/167365423/Nou+model+de+punts+de+trobada+familiar/8f7d2faf-3f75-4c01-9e1a-63715e1d8272

114

Generalitat Valenciana (2025): Rehabilitación e Innovación en arquitectura. Vicepresidencia Segunda y Conselleria de Servicios Sociales, Igualdad y Vivienda [Consulta: 25 agosto 2025]. https://habitatge.gva.es/va/web/arquitectura

Gobierno de España (2021): Plan de recuperación, transformación y resiliencia . [Consulta: 28 de agosto de 2025]. Recuperado de https://www.lamoncloa.gob.es/temas/fondos-recuperacion/Documents/30042021-Plan_Recuperacion_%20Transformacion_%20Resiliencia.pdf

Ley 12/2023, de 24 de mayo, por el derecho a la vivienda. BOE núm. 124, de 25.05.2023.

Ley 14/1986, de 25 abril, General de Sanidad. BOE núm. 102, de 29.04.1986.

Ley 16/2003, de 28 mayo, de Cohesión y Calidad del Sistema Nacional de Salud. BOE núm. 128, de 29.05.2003.

Ley 19/2021, de 20 de diciembre, por la que se establece el ingreso mínimo vital. BOE núm. 304, de 21.12.2021.

Ley 2/2017, de 3 de febrero, de la Generalitat, para la función social de la vivienda de la Comunitat Valenciana. DOGV núm. 5324, de 09.02.2017.

Ley 27/2013 de Racionalización y Sostenibilidad de la Administración Local. BOE núm. 312, de 30.12.2013.

Ley 3/2019, de 18 de febrero, de servicios sociales inclusivos de la Comunitat Valenciana. DOGV núm. 8491, de 21.02.2019.

Ley 3/2023, de 28 de febrero, de Ocupación. BOE núm. 51, de 01.03.2023.

Ley 39/2006, de 14 de desembre, de Promoción de la Autonomía Personal y Atención a las personas en situación de dependencia. BOE núm. 299, de 15.12.2006.

Ley 7/1985, Reguladora de las Bases del Régimen Local (LRBRL). BOE núm. 80, de 03.04.1985.

Ley 8/2018, de 20 de abril, de la Generalitat, de modificación de la Ley 10/2014, de 29 de diciembre, de la Generalitat, de Salud de la Comunitat Valenciana. DOCV núm. 8279 de 23.04.2018.

Ley 8/2022, de 29 de diciembre, de medidas fiscales, de gestión administrativa y financiera y de organización de la Generalitat Valenciana. DOGV núm. 9501, de 30.12.2022.

Ley Orgánica 3/2020, de 29 de diciembre, por la cual se modifica la Ley Orgánica 2/2006, de 3 de mayo, de Educación. BOE núm. 340, de 30.12.2020.

Ley Orgánica 3/2021, de 24 de marzo, de regulación de la eutanasia. BOE núm. 72, de 25.03.2021.

Ley Orgánica 5/2000, de 12 de enero, reguladora de la responsabilidad penal de menores. BOE núm. 11, de 13.01.2000.

Ministeri de Treball i Economia Social (2024): Prestacions. Servei Públic d'Ocupació Estatal. [Consulta: 30 de agosto 2024]. Recuperat de: http://www.sepe.es/HomeSepe/ca/Personas/distributiva-prestaciones/impresos.html

Ministerio de Derechos Sociales y Agenda 2030 (2024): Catálogo de Referencia de Servicios Sociales. [Consulta: 25 julio 2024]. Recuperado de: https://www.mdsocialesa2030.gob.es/derechos-sociales/servicios-sociales/Prestaciones-basicas/catalogo-referencia.htm

Ministerio de Derechos Sociales y Agenda 2030 (2024): IMSERSO. [Consulta: 26 julio 2024]. Recuperado de: https://imserso.es/autonomia-personal-dependencia

Ministerio de Economía, Comercio y Empresa (2025). Línea de Avales para adquisición de primera vivienda de jóvenes y familias con menores a cargo. [Consulta: 20 agosto 2025]. https://www.ico.es/en/linea-avales-hipoteca-primera-vivienda

Ministerio de Economía, Comercio y Empresa (2025): Línea de Avales para adquisición de primera vivienda de jóvenes y familias con menores a cargo. Ministerio de Economía, Comercio y Empresa. [Consulta: 22 agost 2025]. https://www.ico.es/en/linea-avales-hipoteca-primera-vivienda

Ministerio de Justicia (2024): La asistencia jurídica gratuita. [Consulta: 26 julio 2024]. Recuperado de https://www.mjusticia.gob.es/es/ciudadania/tramite?k=asistencia-juridica-gratuita-online

Ministerio de Justicia (2024): Qué es la Administración de Justicia. [Consulta: 28 julio 2024]. Recuperado de: https://www.administraciondejusticia.gob.es/que-es-la-administracion-de-justicia

Ministerio de Sanidad (2024): Contenido de la cartera de servicios. [Consulta: 21 julio 2024].

Ministerio de Trabajo y Economía Social (2024): Cartera Común de Servicios del Sistema Nacional de Empleo. [Consulta: 28 agosto 2024]. Recuperado de: https://www.sepe.es/HomeSepe/que-es-el-sepe/comunicacion-institucional/publicaciones/publicaciones-oficiales/listado-pub-empleo/cartera-comun-servicios-sne.html

Ministerio de Vivienda i Agenda Urbana (2024): Plan Estatal de Vivienda 2022-2025. [Consulta: 26 julio 2024]. Recuperado de: https://www.mitma.gob.es/vivienda/plan-estatal-de-vivienda/plan-2022-2025/objetivos-a-corto-plazo#pagina-menu-interior

Orden 20/2019, de 30 de abril, de la Conselleria de Educación, Investigación, Cultura y Deporte, por la cual se regula la organización de la respuesta educativa para la inclusión del alumnado en los centros docentes sostenidos con fondos públicos del sistema educativo valenciano. DOCV núm. 8540, de 03.05.2019.

Orden 20/2023, de 29 de junio, de la Consellería de Educación, Cultura y Deporte, por la cual se regula la implantación y el funcionamiento de los institutos escuela que integran enseñanzas de educación infantil, educación primaria y educación secundaria de la Comunidad Valenciana. DOGV n.º 9631, de 04.07.2023.

Orden 23/2024, de 3 de septiembre, de la Conselleria de Educación, Cultura, Universidades y Empleo, por la que se aprueban las bases reguladoras de la concesión de subvenciones de los programas Escuelas Taller, Talleres de Empleo y otros programas públicos mixtos de empleo-formación. DOGV, nº 9932, de 09.09.2024.

Real Decreto 42/2022, de 18 de enero, por el cual se regula el Bono Alquiler Joven y el Plan Estatal para el acceso a la vivienda 2022-2025. BOE núm. 16, de 19.01.2022.

Real Decreto 818/2021, de 28 de septiembre, por el que se regulan los programas comunes de activación para el empleo del Sistema Nacional de Empleo. Ministerio de la Presidencia, Justicia y Relaciones con las Cortes. BOE nº 233, de 29.09.2021.

Real Decreto 853/2021, de 5 de octubre, por el que se regulan los programas de ayuda en materia de rehabilitación residencial y vivienda social del Plan de Recuperación, Transformación y Resiliencia. Ministerio de Transportes, Movilidad y Agenda Urbana. BOE nº 239, de 06-10-2021.

Real Decreto 853/2021, de 5 de octubre, por el que se regulan los programas de ayuda en materia de rehabilitación residencial y vivienda social del Plan de Recuperación, Transformación y Resiliencia. BOE núm. 239, de 6 de octubre de 2021. Ministerio de Transportes, Movilidad y Agenda Urbana. BOE nº 239, de 06.10. 2021.

Real Decreto Legislativo 8/2015, de 30 de octubre, por el que se aprueba el texto refundido de la Ley General de la Seguridad Social. BOE núm. 261, de 31.10.2015

Real decreto ley 2/2024, de 21 de mayo, por el cual se adoptan medidas urgentes para la simplificación y mejora del nivel asistencial de la protección por desocupación, y para completar la transposición de la Directiva (UE) 2019/1158 del Parlamento Europeo y del Consejo, de 20 de junio de 2019, relativa a la conciliación de la vida familiar y la vida profesional de los progenitores y los cuidadores, y por la cual se deroga la Directiva 2010/18/UE del Consejo. BOE n.º 124, de 22/05/2024.

Real Decreto-ley 2/2024, de 21 de mayo, por el que se adoptan medidas urgentes para la simplificación y mejora del nivel asistencial de la protección por desempleo, y para completar la transposición de la Directiva (UE) 2019/1158 del Parlamento Europeo y del Consejo, de 20 de junio de 2019, relativa a la conciliación de la vida familiar y la vida profesional de los progenitores y los cuidadores, y por la que se deroga la Directiva 2010/18/UE del Consejo. BOE, nº 124, de 22.05.2024.

Recuperado   de:
https://www.mscbs.gob.es/profesionales/prestacionesSanitarias/CarteraDeServicios/Contenid oCS/Home.htm

Resolución de 23 de diciembre de 2021, de la directora general de Inclusión Educativa, por la cual se dictan instrucciones para la detección y la identificación de las necesidades específicas de apoyo educativo y las necesidades de compensación de desigualdades. DOGV, nº 9245, de 29.12.2021.

Resolución de 29 de abril de 2021, de la Subsecretaria, por la cual se publica el Acuerdo del Consejo de Ministros de 27 de abril de 2021, por el cual se aprueba el Plan de Recuperación, Transformación y Resiliencia. BOE n.º 103, de 30.04.2021

Resolución de 8 de marzo de 2023, de la directora general de Planificación, Eficiencia Tecnológica y Atención al Paciente, de la Consellería de Sanidad Universal y Salud Pública, por la cual se aprueba la modificación intradepartamental del mapa sanitario de la Comunidad Valenciana, con modificación de adscripción de profesionales sanitarios. DOGV n.º 9565, de 30.03.2023.

Sánchez Flores, S. y Garcés Ferrer, J. (1996): "Consolidación de los Servicios Sociales en el marco legislativo", en Garcés Ferrer J., Rodenas, F., Sánchez Flores, S. y Verdeguer I.: El Sistema Político y Administrativo de los Servicios Sociales. Tirant Lo Blanch.

Sánchez-Flores, S. (2016). Administración social y sistemas de bienestar. Tirant lo Blanch.

Sánchez-Flores, S. (2017). Administración Social y Sistemas de Bienestar. Estructura, organización, funciones y prestaciones. Tirant lo Blanch.

Sánchez-Flores, S. (2018). La Administración social y los sistemas de bienestar. El contexto institucional del trabajo social. Tirant lo Blanch.

Sánchez-Flores, S. (2020). Fundamentos, organización y servicios de la Administración social. Tirant lo Blanch.

Sánchez-Flores, S. (2021). Administración social: los sistemas de protección. Tirant lo Blanch.

Sanchez-Flores, S. (2023). Administración social: organización y características de los servicios sociales. Tirant lo Blanch.

Sanchez-Flores, S. (2024). Administración social y servicios sociales. Tirant lo Blanch.